STEIDL

taschenbuch 146

W0208287

Günter Grass, 1927 in Danzig geboren, wurde nach einer Ausbildung als Bildhauer und Grafiker freier Schriftsteller. Sein Werk gehört zur Weltliteratur. Günter Grass wurde mit zahlreichen internationalen Ehrungen ausgezeichnet.

Günter Grass

Für- und Widerworte

Der lernende Lehrer
Rede über den Standort
Rede vom Verlust

Steidl

Wir senden Ihnen gern unser kostenloses
Gesamtverzeichnis zu:
Steidl Verlag, Düstere Str. 4, D-37073 Göttingen

99 00 01 02 03 9 8 7 6 5 4 3 2 1

© Copyright Steidl Verlag, Göttingen 1996, 1999
Alle Rechte vorbehalten
Umschlaggestaltung: Klaus Detjen
unter Verwendung eines Fotos von Dirk Reinartz
Satz, Druck, Bindung:
Steidl, Düstere Straße 4, D-37073 Göttingen
Gedruckt auf Öko 2001 RC-Papier
zur ökologischen Buchherstellung
(80 Prozent Altpapier, 20 Prozent Durchforstungsholz
aus nachhaltiger Forstwirtschaft,
ohne Färbung, ohne optische Aufheller)
Printed in Germany
ISBN 3-88243-681-6

Inhalt

Bruno gewidmet

Der lernende Lehrer

Tastend, wie in einem Gelände, dem Fallgruben nachgesagt werden, also mit gehörigem Bammel wage ich mich in eine Provinz, die gelegentlich mit abschätzigem Nebengeräusch die »pädagogische« genannt wird. Es ist eine Provinz mit offenen, jedenfalls nicht sichtbaren Grenzen, in der sich jedermann glaubt ergehen zu können, um sie alsbald, kaum hat er seine Kritik an unübersichtlicher Wegeführung, fehlenden Warnschildern, zu streng begrenzten Revieren und zu wenigen Rastplätzen abgesondert, sichtlich erschöpft zu verlassen. So werde auch ich im Verlauf dieser Rede immer wieder versucht sein, mich dünnezumachen. Erlauben Sie mir deshalb, bitte, von Absatz zu Absatz Fluchtgebärden oder zumindest entlastende Ausflüchte, denn der sich hier in Position zu bringen erkühnt, versteht zuwenig von der landesweit betriebenen Curriculum-Forschung, von letzten und vorletzten Strukturplänen und von der Vielstimmigkeit didaktischer Lehre; emsig Angelesenes möchte ich Ihnen nicht zumuten.

Sie, meine Damen und Herren, die Sie von Berufs wegen, das heißt aus Neigung und jeglicher Enttäuschung zum Trotz, die pädagogische Provinz als hier bloß geduldete, dort anerkannte Gesamtschullehrer besiedelt haben, werden sich vorerst mit meinem Laienbekenntnis begnügen müssen: Ja, ich bin für die Gesamtschule. Seit den sechziger Jahren – damals dem Reformeifer des Berliner Schulsenators Carl-Heinz Evers verbunden – spreche ich mich zu ihren Gunsten aus. Von ihr war das Aufbrechen des starren Fachwissens zu erwarten, zugleich die Abschaffung der Zensuren. Seitdem ist, der Theorie nach, auf richtigem Weg manches mißglückt und auf krummen Nebenwegen viel gelungen. Und ich bin mittlerweile zu der Einsicht gekommen, daß heute, inmitten der neuen sozialen Eiszeit, einzig die Gesamtschule in der Lage sein könnte, die schlimmsten Auswirkungen wiederum spürbarer Klassenunterschiede, nein, nicht zu verhindern, wohl aber zu mildern.

Eine, zugegeben, dürftige Einsicht. Die Gesamtschule als sozialer Ausputzer. Mehr nicht? Um verständlicher zu werden, will ich versuchen, meinen vorerst schmalen Befund aus eigener Schulerfahrung anzureichern. Allerdings war meine Schulzeit kriegsbedingt kurz bemessen. Nach vier Jahren Volksschule und fünf Jahren Realgymnasium kleidete mich, wie viele meines Jahrgangs, die Uniform der Luftwaffenhelfer. Als Fünfzehnjähriger, mit meinem Latein so oder so am Ende, lernte ich in der Funktion des K 6 vor allem das Bedienen der Zünderrichtmaschine bei einem 8,8-Flakgeschütz. Mein Lehrer hieß Krieg. Die Schule war aus.

Ich habe das damals kaum bedauert, denn als extrem einseitig interessierter Schüler – Deutsch,

Geschichte und Fächer, die dazumal Erdkunde und Zeichnen hießen – hatte ich auf wechselnden Oberschulen einen schweren Stand. Ich blieb in der Quarta sitzen und war, was Mathematik und Chemie oder Englisch und Latein betraf, ohne familiären Rückhalt, mithin ganz auf mich, was heißen soll, auf die Willens- und Unwillensakte früh ausgeprägter Egozentrik angewiesen. Zwar haben sich die Eltern krummgelegt, um meiner Schwester und mir, die wir es einmal »besser haben sollten«, den Sprung von der Volksschule auf die Oberschule zu ermöglichen, sie haben dafür sogar während Danzigs Freistaatzeit Schulgeld zahlen müssen, aber die den anderen, zumeist aus dem gehobenen Mittelstand kommenden Schülern gewährte elterliche Beihilfe bei den Hausarbeiten war ihnen nicht möglich, desgleichen keine teuren Nachhilfestunden. Bei anhaltender Schieflage stand ich permanent auf der Kippe. Der Eins in Deutsch stand die Fünf in Mathematik gegenüber. Die Eins in Zeichnen konnte die stets drohende Fünf in Latein nicht aufwiegen. Gerade noch schaffte es die Zwei in Geschichte und Erdkunde die Vier in Englisch zu relativieren. Mein Scheitern, was die Oberschule betraf, war angezeigt, wenn nicht vorgegeben; so – und nur so gesehen – wurde ich in kriegsbestimmter Zeit rechtzeitig Luftwaffenhelfer.

Wäre es mir als Schüler in einer Gesamtschule, hätte es sie damals gegeben, besser ergangen? Diese Frage – ich weiß – mag müßig anmuten. Dennoch habe ich sie mir gelegentlich gestellt. Und gewiß haben meine so leidvollen wie kurzfristigen Schulerfahrungen dazu beigetragen, mein grundsätzliches Plädoyer für das Modell Gesamtschule, das heißt für eine sozial gerechte Förderung der Chancengleichheit im Bildungssystem zu stärken. In heutiger Zeit ist diese Funktion und Möglichkeit der Gesamtschule ausgeweitet, weil ihre auf Solidarität bauende Gliederung einer Vielzahl von Schülern ausländischer Herkunft weiterführende Bildungswege eröffnet: niemand, der lernend »nicht mitkommt«, fällt ins Bodenlose, niemand wird ausgegrenzt.

Doch zurück zum Zeugnis-Desaster früher Jahre. So verkürzt meine Schulzeit gewesen ist, prägend war sie allemal. Narben blieben, die geheilt noch juckten. Gerüche hielten sich, gegen die kein Lüften half. Deutschidealistische Gebote, gepaart mit nationalsozialistischen Zielsetzungen sind einem Gedächtnis imprägniert, das noch heute Textfetzen von HJ-Liedern abrufbereit hält. Und Lehrergestalten hatten sich raumgreifend in meinen Träumen breitgemacht, bis ich sie niederschrieb und in Bücher sperrte, die nacheinander »Die Blechtrommel«, »Katz und Maus«, »Hundejahre« hießen. Doch damit nicht genug. Meine literarische Fixierung auf Lehrer hielt an. Auch in späteren Romanen und Erzählungen, sei es in »örtlich betäubt«, sei es im »Tagebuch einer Schnecke«, dominieren Lehrer; und in »Kopfgeburten« ist es sogar ein Lehrerehepaar, das nicht recht weiß, ob es in diese verruchte Welt ein Kind setzen soll oder nicht. Aber Harm und

Dörte sind bereits schleswig-holsteinische Nachkriegsgewächse, denen sozialliberaler Dünger zu unkrautfreiem Wuchs und etlichen Stilblüten verhilft. Ganz anderer Natur sind der Turnlehrer Mallenbrandt und der Oberstudienrat Klohse, an dessen unbedingter Härte der einstige Schüler und nun Ritterkreuzträger Mahlke scheitert. Gewiß würde sich heutzutage eine Grundschullehrerin, widerführe ihr als Erstkläßler ein Oskar Matzerath samt Trommel, anders, pädagogisch gewitzter verhalten als jenes Fräulein Spollenhauer, dessen Brille im Kapitel »Der Stundenplan« an Oskars Stimme zu Scherben ging. Der ewige Pauker hat sich – so scheint es – überlebt; wie der schrullige Lehrer als Original, vergleichbar dem Malzbonbon sückelnden Studienrat Brunies, im heutigen Schulwesen wohl kaum eine den Käuzen eingeräumte Ecke fände. Und mein Lateinlehrer, Dr. Stachnik, dessen Strenge den Schüler in Angstschweiß brachte, der mir aber aus ganz anderen Gründen erinnerlich geblieben ist, indem er als ehemaliger Vorsitzender der Danziger Zentrumspartei mehrmals das Lehrerzimmer mit dem KZ Stutthof tauschen mußte, weshalb ich ihm in meinem Roman »Der Butt« einen Denkmalsockel gemeißelt habe, müßte seine Unbeugsamkeit heute, bei viel weniger Gefahr, nicht durch standhaftes Schweigen, sondern lauthals vor Schulbehörden beweisen. So könnte ich fortfahren und Ihnen, meine Damen und Herren, aus meinem Arsenal zu Literatur gewordener Lehrer weitere, den Verheißungen und Nöten ihrer Zeit verpflichtete Originale vorführen. Es soll aber genug sein mit Hermann Ott aus dem »Tagebuch einer Schnecke«, den seine Schüler und Schülerinnen, zuletzt jene der jüdischen Privatschule an der Hindenburgallee, Dr. Zweifel genannt haben.

Ich habe ihn nicht oder nur andeutungsweise erlebt. Dabei hätte ich Hermann Ott, genannt Zweifel, gerne zum Lehrer gehabt. Ersatzweise ist er mir aus Bruchstücken und Wünschen entstanden. Jemand, dem Erkenntnis nur aus langwieriger Erfahrung und geduldigem Anschauen erwuchs. Jemand, der mich in Zeiten dumpfer Gläubigkeit gelehrt hätte, aus Prinzip zu zweifeln. Jemand, der mit Lichtenbergschem Witz die damals wohlfeilen Glaubensartikel verramscht hätte. Oder gab es Lehrer, die in meinen Hitlerjugendjahren den Mut hatten, Zweifel anzumelden, und sei es auch nur in Nebensätzen? Ich erinnere mich an einen von allen Schülern gefürchteten, trocken konservativen Studienrat, der uns Geschichte einpaukte, indem er dozierend auf- und abschritt, dabei die Wirrnisse des Dreißigjährigen Krieges um weitere Verknotungen bereicherte, wobei er mit Wendungen wie »Wir haben allen Grund, zu bezweifeln ...« oder »Abermals besteht Anlaß für Zweifel« nicht sparte, um plötzlich mit dem Satz »Das deutsche Volk ist eine Hammelherde bis ins Oberkommando der Wehrmacht hinauf« in die Gegenwart kurz vor oder nach Stalingrad zu springen und uns in unserem Halbschlaf aufzustören. Später, als er von einem Tag auf den anderen verschwunden war – und alle ahnten, wohin –, hieß es, kurz vor ihrem Kriegsabitur hätten ihn Obersekundaner denunziert.

Es wird wohl so sein, daß dieser Studienrat, auf den ich nicht hören wollte, mich dennoch zwei Jahrzehnte später angestiftet hat, den Lehrer Hermann Ott, genannt Dr. Zweifel, ins literarische Spiel zu bringen. Mehr noch: ihm ist zu verdanken, daß ich, wo und wann immer Glauben zum Marktangebot gehörte, das »Prinzip Zweifel« allen anderen Prinzipien, auch dem »Prinzip Hoffnung« übergeordnet habe.

Heute und anläßlich dieser Rede gehe ich einen Schritt weiter und empfehle Ihnen, den hier versammelten Lehrerinnen und Lehrern der bundesdeutschen Gesamtschulen, das »Prinzip Zweifel« als Grundwert. Diese Empfehlung spreche ich mit Vorbedacht aus, denn in jüngster Zeit wurden, nicht zuletzt aus dem Mund des Bundespräsidenten, Forderungen nach der Rückbesinnung auf allerlei Grundwerte laut. Mahnrufe waren im Dutzend zu haben. Das orientierungslos dümpelnde Bildungswesen sollte auf Kurs gebracht werden. Freilich fand sich unter den genannten Werten nicht mein geliebter Zweifel, wohl aber glänzten etliche frischaufpolierte Ladenhüter, denen es guttäte, in Zweifel gezogen zu werden. Fleiß, Ordnung und Disziplin gehören dazu. Doch was sagen solch gestanzte Werte, wenn selbst unsere vielberufene Verfassung, auch demokratische Grundordnung genannt, nicht mehr von zweifelsfreiem Bestand ist? Zwar schreibt sie noch immer die lobenswerte »soziale Verpflichtung des Eigentums« vor – es solle »dem Wohle der Allgemeinheit dienen« –, die Verfassungwirklichkeit jedoch sieht bis in die Chefetage der Großfirma Henkel & Hundt asozial aus. Nicht mehr die gewählte Regierung, kein Kanzler bestimmt die Richtlinien der Politik: anstelle herrschen unlegitimiert die Vorstände der gebündelten und sich global verflüchtigenden Wirtschaftsmacht; das Privileg der Steuerhinterziehung in Milliardenhöhe ist ihnen unbenommen.

Wie, frage ich mich, gehen Lehrer, insbesondere solche, die auf Gesamtschulen außer dem pädagogischen einen sozialen Auftrag zu schultern haben, mit diesem Verschleiß demokratischer Grundwerte um? Wie läßt sich Schülern und Schülerinnen das verfassungswidrige Verhalten der Großindustrie und der Banken als hinzunehmender Machtanspruch erklären? Wie werden junge Menschen ihr späteres Berufsleben, aber auch ihr Dasein als Arbeitslose erfahren oder durchleiden, wenn die Verfassungsfeinde von heute nicht mehr als verbiesterte Kommunisten das Ende des Kapitalismus planen, sondern in den Chefetagen von Daimler und Siemens, in den Vorständen der Dresdner, der Deutschen Bank zu finden sind? Oder milder gefragt: Was ist das Papier noch wert, auf dem unsere Verfassung steht, wenn ihm tagtäglich gepaart mit Drohgebärden – »Entweder gibt die Regierung nach, oder wir wechseln den Standort« – hohngesprochen wird?

Ich weiß, die Schule kann diesen das demokratische Staatswesen zermürbenden Prozeß nicht aufhalten. Wohl aber kann sie Schüler und Schülerinnen mit dem Prinzip Zweifel impfen. Eine solche Schutzimpfung ließe jenen Zynismus nicht aufkommen, der immer dann wie eine Epidemie ausbricht, wenn die Versprechungen der professionellen Hoffnungsmacher wieder einmal getrogen haben. Deshalb ist Zweifel an allen heute gängigen Dogmen angebracht. Zwar haben die alleinseligmachenden Glaubenswerte der katholischen und der kommunistischen Heilslehre und ihre jeweiligen Zentralkomitees, weil mittlerweile altbacken, ihre Machtfülle eingebüßt und an Schrecken verloren, um so unanfechtbarer gibt sich jedoch das Dogma von der freien Marktwirtschaft, besonders seitdem es sich jeder sozialen Verpflichtung entledigt hat; der Raubtierkäfig steht offen!

So kommt es, daß Jugendliche, denen allenfalls die Schule ein wenig Sicherheit verbürgt, mit dem Wissen aufwachsen, daß ihnen, sobald sie die Schule verlassen, Lehrstellen verweigert werden, daß sie unnütz sein könnten in einer Gesellschaft, in der die Solidarität aufgekündigt ist und – wie es heißt – nur noch wirtschaftlich gedacht wird. Ich weiß: nach schöner Schulbuchlehre sind wir in einer Demokratie gehalten, den Konsens zu suchen und im Streitfall einen Kompromiß zu finden. Was aber soll Schülerinnen und Schülern lehrend ins angestrebte Berufsleben mitgegeben werden, wenn der Wirtschaftsmacht – siehe »Bündnis für Arbeit« – der Konsens eine Lachnummer ist und der Kompromiß nur und unverschämt gefordert durch weitere Steuersenkungen zu haben ist?

Also wird die Schule, wenn sie die Schüler in ihrer Ohnmacht nicht allein lassen will, den politischen Widerstand lehren müssen. Er ist so lehrbar wie der Gebrauch des handlichen Instrumentes Zweifel: Behauptungen in Frage stellen. Feierliche Festreden von ihren Worthülsen befreien. Den Kaiser nackt nennen. Grundsätzlich zweifeln. – Und wo bleibt das Positive? Hier ist es: die Demokratie wortwörtlich nehmen. Erst wenn sie ihren legitimen Herrschaftsanspruch aufgibt, sich der Macht des global zirkulierenden Geldes, den Forderungen irrwitzig fusionierender Großkonzerne, den Marktbeherrschern beugt – und sie ist dabei, es zu tun –, wird die Demokratie am Ende, das Volk entmündigt und der einzelne weder des Zweifels am Bestehenden noch des Selbstzweifels fähig sein. Was gäbe es da noch zu lehren. Abermals wäre die Schule aus.

Ich sprach soeben vom Selbstzweifel, mithin von mir. Während ich diese Rede in groben Zügen zu skizzieren begann, fand ich mich aus verschiedenen Gründen diesem die eigene Position betreffenden Zweifel ausgesetzt. Doch war es nicht einzig die Frage: Was kannst du, der abgebrochene Schüler, also das Produkt unablässiger Eigenbildung, zur gegenwärtigen Situation der Gesamtschulen beitragen, die mich einem solchen Prozeß unterwarf, vielmehr ist es der seit zehn Jahren auf dem Balkan anhaltende Krieg gegen Minderheiten und dessen jüngste Eskalation, die mich so grundsätzlich in

Frage stellten und weiterhin stellen. Wenn mir einerseits gewiß zu sein schien, daß das bloße Nato-Bombardement unter amerikanischem Oberkommando den serbischen Terror gegen die Kosovoalbaner nicht beenden werde, war ich andererseits sicher, daß der Zerstörung der Dörfer im Kosovo, der Vertreibung und Deportation ihrer Bewohner, den Vergewaltigungen von Frauen und Mädchen, den Hinrichtungen von Zivilisten, dem mörderischen Rassenwahn, wie er sich während zurückliegender Jahre in Vukovar und Srebrenica, in Tuzla und Sarajewo ausgetobt und Massengräber hinterlassen hat, nicht mehr tatenlos zugesehen werden dürfe. Überdeutlich war zu erkennen, daß Serbiens Präsident die sich hinziehenden Verhandlungen und die Entschlußlosigkeit der europäischen Staaten nutzte, um die langgeplante Massendeportation der Kosovoalbaner zu beginnen. Also entschied ich mich für den militärischen Einsatz, obgleich ich wußte, daß er nicht nur ohne UNO-Mandat begann, sondern auch den Verteidigungsauftrag der Bundeswehr mißachtete. Das Elend der Flüchtlinge, die Not der vertriebenen Frauen und Kinder, das wiederholte Unrecht und dessen mörderische Folgen machten meine Bedenken zwar nicht kleiner, setzten sie aber außer Kraft. Ich sprang über meinen Schatten, nein, ich versuchte mich darin, natürlich vergeblich. Denn schon bald und nicht erst, als sich bestätigte, daß die Luftangriffe nach amerikanischem Szenario den Terror nicht eindämmen, geschweige denn beenden konnten, holten mich alle übersprungenen Bedenken ein, um abermals, nach bloßem Rückblick auf über zweihunderttausend im Verlauf »ethnischer Säuberungen« Ermordeter, nichtig zu werden.

Für kurze Zeit nur. Denn wieder und wieder suchte ich Zuflucht bei allem, was gegen Krieg sprach. Und weil dieser Selbstzweifel bis heute anhält, ja, mich und meine aus Kriegserfahrung gewonnene Position so radikal in Frage gestellt hat, ist er Teil dieser Rede geworden. Ich kann mir vorstellen, in welch vergleichbarem Ausmaß Sie, die hier versammelten Gesamtschullehrerinnen und -lehrer, diese Gewissensfrage zur jeweils widersprüchlichen Entscheidung gedrängt hat. Mehr noch, Sie mußten, gleich welche Position Sie eingenommen hatten, vor Ihren Schülerinnen und Schülern bestehen. Ihnen war und ist kein Rückzug in melancholisches Schweigen erlaubt. Keine Routine konnte und kann die Fragen Ihrer Schüler beschwichtigen. Und wenn in den Unterrichtsräumen neben und zwischen den deutschen Mädchen und Jungen einige Schulkinder serbischer und kroatischer, bosnischer und albanischer, türkischer und kurdischer Herkunft ihren Platz haben, werden Sie in verstärktem Maß die Auswirkungen der blutigen, weil ungelösten Konflikte unserer Zeit auf engstem Raum erleben, ohne ihnen ausweichen zu können.

Wer möchte da Lehrer sein, wenn die Politiker die Folgen ihres Unvermögens bis in die Schulen hinein auslagern? Welch weiteren Zerreißproben sind Lehrer und Schüler ausgesetzt, wenn, wie hierzulande Praxis, die rigorose Abschiebung ganzer Familien als fortgesetzte »ethnische Säuberung« alltäglich geworden ist, so daß immer wieder Mitschüler aus der Gemeinschaft von Lehrenden und Lernenden herausgerissen werden? Und weiter, in den Schulalltag hinein gefragt: Sind Lehrer in der Lage, die Deklassierung der Kinder arbeitsloser Eltern, wenn nicht aufzuheben, dann doch um ein Geringes zu mildern?

Nicht, daß ich sage: Die Lehrerinnen und Lehrer sind überfordert. Niemals fiele es mir ein, die gesellschaftlichen Herausforderungen und sozialen Zerreißproben, denen sich bewußt die Gesamtschule gestellt hat, ins jeweils Beliebige wegzudelegieren; da aber Lehrende oft und seit alters her bevorzugtes Ziel der Kritik, Adresse des allgemeinen Überdrusses und Blitzableiter elterlichen Versagens sind, möchte ich mich für die Lehrenden, selbst noch für den mittlerweile frustrierten Lehrer, die erschöpfte Lehrerin aussprechen. Zu leicht fällt es, Spott an ihnen abzulassen. Zu billig sind Fingerzeige aufs Beamtenrecht und das süße Nichtstun während langer Ferienzeit. Zu bequem ist es, sie, die Lehrenden, zum Notnagel aller gängigen Beschwerden zu machen. Mir ist kein anderes Land bekannt, in dem, wie in Deutschland, die Lehrenden von Schülern und Eltern mit jenem vorgefaßten Mißtrauen angesehen werden, das nicht selten in Feindseligkeit umschlägt. Deshalb habe ich meine Rede vorerst unter die Überschrift »Erbarmen mit den Lehrern« gestellt, wobei, um keinen Geschlechterkrieg zu entfesseln, die Lehrerinnen und das Erbarmen mit ihnen gleichfalls gemeint sind. Auch kann ich mich, was diesen provisorischen und verallgemeinernden Titel betrifft, nicht auf die Lehrenden in den Gesamtschulen beschränken. Das von mir ausgerufene Erbarmen bezieht die Grund- und Berufsschul-, die Realschul- und Gymnasiallehrer ein. Alle sind gemeint, die tagtäglich präsent sein müssen, konfrontiert den großen Nöten und kleinen Hoffnungen einer nachwachsenden Generation von Schülern, denen das elterliche Zuhause oft keinen Halt mehr gibt, denen das »Recht des Stärkeren« real wie virtuell vorgelebt wird, deren Zukunft von Horrorvisionen besetzt ist und die in ihrer Verzweiflung in der Schule mehr zu finden hoffen, als diese bieten kann. Solch strenger Präsenzpflicht sind offenbar viele Hochschul- und Universitätslehrer enthoben, weshalb sie meine Bitte um Erbarmen weder benötigen noch beanspruchen können; es sei denn, sie bequemen sich, wenn nicht aus pädagogischer Lust, dann angestoßen durch eine Hochschulreform, zur peinvollen Präsenz.

Habe ich in ein Wespennest gestochen? Sei's drum. Mein Hang, beim Erzählen auch Erfahrungen, das heißt erworbenes Wissen und erkanntes Unwissen in den Erzählfluß einmünden zu lassen, hat mir von den Hochsitzen rein ästhetischer Lehre herab ohnehin den Ruf eingetragen, »schulmeisterlich« daherzureden. Doch soviel stimmt: ich, der zu kurz gekommene Schüler, habe gelernt, daß eine Vielzahl von Büchern beiläufig leise, aber auch drastisch anschaulich belehrend ist, freilich nur dann, wenn man sie nicht – etwa im Schulunterricht – auf eine Nebenstimme reduziert, frei nach dem Motto: Welchen Nutzen kann ich aus diesem Buch ziehen? Wieviel Gewinn trägt mir dieses Buch ein? Wieviel Liter Milch bringt die Kuh?

Um einige mich belehrende Leseerfahrungen zu benennen: Heinrich Pestalozzi – erschrecken Sie bitte nicht –, dieser unglückliche Mensch, dessen pädagogische Versuche an den Umständen seiner Zeit und an eigener Unzulänglichkeit gescheitert sind – und nach dem gleichwohl meine Volksschule in Danzig-Langfuhr benannt wurde –, hat etliche Romane geschrieben, so jenes wunderbare Buch »Lienhard und Gertrud«, in dem vom Los bäuerlich geknechteten Daseins und vom hartherzigen Vogt erzählt wird. In meisterlichen Dialogen, dazu in vielfarbiger, den Schweizer Tonfall mitführender Sprache erhellt der Aufklärer das Zwangssystem der Hörigkeit bis ins Detail. Er erlaubt dem Leser mitzuleiden und hält ihn dabei dennoch hellwach. So hat es Voltaire in seinem »Candide« und ein weiterer Autor der europäischen Aufklärung, Diderot, in »Jacques le fataliste« zu unserem belehrenden Vergnügen getan.

Versucht nun, aus einer lehrreichen Bibliothek Buch nach Buch abzurufen, muß ich mich dennoch kurz fassen, will aber nicht versäumen, auf Alain-Fourniers spätromantisch anmutenden Roman »Le grand Meaulnes« hinzuweisen, den ich als junger Autor in deutscher Übersetzung unter dem schwachen Titel »Der große Kamerad« gelesen habe und der gewiß Pate gestanden hat, als ich meine Novelle im Milieu Jugendlicher, »Katz und Maus«, zu schreiben begann, weshalb der Held in dieser Erzählung aus kriegsbedingten Schuljahren, verdeutlicht durch den gleichlautenden Anfangsbuchstaben, »der große Mahlke« genannt wird.

Oder ein anderes Buch, das zwar nicht Fiktion bietet, aber durchweg erzählender Art ist und mich angestoßen, belehrt, ja, das neunzehnte Jahrhundert betreffend, kundig gemacht hat: August Bebels Autobiographie »Aus meinem Leben«, die anschaulich die Anfänge der deutschen Arbeiterbewegung, die Zeit der Sozialistengesetze und den bald danach ausbrechenden Revisionismusstreit schildert. Ich behaupte, daß ohne Kenntnis dieser Autobiographie die sozialen Nöte unserer Tage, das Wiederaufkommen der Klassenunterschiede, der fortwirkende Dünkel wirtschaftlicher Globalherrschaft und der so belebende wie irritierende Streit zwischen Sozialdemokraten und Grünen nicht begriffen werden können. Mit anderen Worten und frei nach Lichtenberg gesprochen: Schnell ein Paar Hosen zum Secondhandshop getragen und für den Gegenwert August Bebels »Aus meinem Leben« gekauft.

Zuletzt will ich das mir so wichtig gewordene Buch eines im Verhältnis zu mir jüngeren Autors preisen, Sten Nadolnys Roman »Die Entdeckung der Langsamkeit«. Während der Lektüre wurde mir nach und nach deutlich, wie heilsam diese sich behutsam verzögernde Erzählung als Gegengift zur allgemein vorherrschenden Beschleunigung sein könnte. Nirgendwo anders wird die Zeit so anschaulich gedehnt. Deshalb ließe sich diesem Roman, ohne seiner Kunstfertigkeit Gewalt antun zu müssen, eine auch für die Schule taugliche Anweisung zur »Erlernung der Langsamkeit« ableiten. Von Nadolny angeregt, gehe ich sogar einen Schritt weiter und schlage vor, in allen Schulen, voran in den Gesamtschulen, einen Kurs zur »Erlernung der Langsamkeit« einzuführen. Von mir aus darf es sogar ein Leistungskurs sein. Langsamkeit wäre eine Gangart, die der Zeit zuwider verliefe. Die bewußte Verzögerung. Das bis zum Stillstand gebremste Tempo. Das Erlernen des Innehaltens, der Muße. Nichts wäre inmitten der gegenwärtigen Informationsflut hilfreicher als eine Hinführung der Schüler und Schülerinnen zur Besinnung ohne lärmende Nebengeräusche, ohne schnelle Bildabfolge, ohne Aktion und hinein ins Abenteuer der Stille, in der einzig Eigengeräusche erlebt werden können. Ich weiß: ein Vorschlag, den zu realisieren zwangsläufig die Zeit fehlen wird. Dennoch bitte ich Sie, ihn nicht nur zu belächeln, sondern ihn spielerisch ernst zu nehmen; er hat es in sich.

Vor vielen Jahren – ja, es ist lange her –, Ende der Sechziger war ich als Gast eines SPD-Parteitages in Nürnberg. Viel Papier sollte bewältigt werden. Anträge traten sich auf die Hacken. Unter anderem ging es in einem besonderen Arbeitskreis um den dazumal ausgerufenen »Bildungsnotstand«, mithin um Schulisches und also auch um die Gesamtschule. Es wurde gestritten und abgestimmt. Schon bildete sich ein Jargon heraus, den später nur noch Eingeweihte, aber nicht Schüler und Eltern verstanden. Die hessischen wollten den Berliner Gesamtschulen voraus sein und umgekehrt. Vom pädagogischen Eros gerittener Eifer ließ das Kind im Bade befürchten, ausgeschüttet zu werden. Ermüdend anstrengend ging es zu. Es war die Zeit der engbeschriebenen Papiere oder »papers«, wie man auch sagte.

Leicht benommen fand ich am Abend ins Hotel zurück. Und dort in der Halle, etwas abseits, saß an einem Tischchen gewichtig Carlo Schmid: ein sozialdemokratisches Unikum von Format. Vor ihm standen eine Flasche Rotwein und ahnungsvoll zwei Gläser, denn er winkte mich an seinen Tisch und goß ein. Seufzen höre ich ihn immer noch: »Da habe ich nun, lieber Freund, den ganzen Tag über zugehört, geredet und über dringlichste Schulfragen abgestimmt. War viel Vernünftiges, Nützliches darunter. Wer aber«, sagte er nach einer Seufzerpause, »wird in Zukunft das Unnütze lehren und lernen?«

Wenn diese Anekdote meiner, zugegeben, leicht schlingernden Rede zur Zierde gereichen sollte, wäre ich dankbar, wenn das Erlernen der Langsamkeit sogar als nützlich zu begreifen sein könnte. Nützlich den Schülerinnen und Schülern, nützlich gewiß auch den Lehrerinnen und Lehrern. Denn meine der Gesamtschule offerierte Offerte – wenn es denn eine sein kann – setzt den lernenden Lehrer voraus.

Ich weiß, es gibt ihn. Oft zwingt ihn die Not, nicht auf vormals Erlerntem hocken zu bleiben, sondern ständig dazuzulernen, etwa angesichts seiner buntgemischten Schüler einige Lektionen türkischer Geschichte oder was der Koran, im Vergleich mit anderen Religionen, an Unduldsamkeit und Toleranz zu bieten hat. Wie gut täte es, um ein Beispiel zu nennen, wenn die Schüler moslemischen Glaubens aus Lehrers Mund erführen, wie sehr die über Jahrhunderte anhaltende maurische Herrschaft auf der Iberischen Halbinsel dem christlichen Abendland geholfen hat, aus staubtrockener Scholastik herauszufinden, wie weit arabische und jüdische Gelehrte, etwa auf dem Gebiet der Algebra und Medizin, dem mittelalterlichen Fachwissen voraus und also anstiftend für unseren verspäteten Prozeß der Renaissance gewesen sind. Ist es im Deutschunterricht nicht für alle Schüler, gleich welchen Glaubens, wunderbar zu erfahren, daß der sogenannte pikareske Roman, angefangen bei »Don Quijote« bis hin zu Grimmelshausens »Simplicissimus« und seinen späteren Schülern, zu denen ich mich zähle, auf maurisch-arabischen Erzählkünsten fußt? Und bestimmt wissen die Schüler ausländischer, etwa persischer oder nigerianischer Herkunft etwas aus eigener Kultur zu berichten, was der Lehrer nicht weiß und sich unsere eurozentrische Schulweisheit nie hat träumen lassen.

Der lernende Lehrer ist also jemand, der mit und von seinen Schülern lernt. Neugierde ist ihm eigen. Gerne verläßt er feste Standpunkte, die nur noch sich selbst meinen, um neue zu gewinnen, die er abermals verläßt, bevor sie sich verfestigen. Bis ins Alter lernt er dazu, was an Neuem verlockend oder bedrohlich aufkommt, aber auch was hinter ihm liegt und in der Schnelle der Zeit verschüttging. Wie soll ich es kurz sagen? Um es auf die beispielhafte Person zu bringen: der lernende Lehrer ist Hartmut von Hentig.

Ihm verdanke ich vielerlei Einsicht. Welch Vergnügen hat mir sein schlanker und den Wortmüll unserer Tage aufrührender Essay »Kreativität – Hohe Erwartungen an einen schwachen Begriff« durch wiederholte Lektüre gebracht. Er weist nach, in welch inflationärem Ausmaß Kreativität als Büchsenöffner für alles und nichts zu dienen hat. Kreativität, ein Wort, mit dem nach neoliberaler Gebrauchsanweisung, gepaart mit den Wörtern »Leistung« und »Eigenverantwortung«, die Börsenkurse zu beleben sind. Übrigens ließe sich, anstelle von Kreativität, die neuerdings und nun auch aus Kanzlers Mund zu hörende Schummelpackung »Berliner Republik« setzen; denn auch in diesem Fall klammern sich hohe Erwartungen an einen schwachen Begriff.

Doch erlauben Sie mir nun ein Zitat aus Hentigs so einleuchtendem Essay: »Die hier beschworene Kreativität meint technisch und wissenschaftlich vorn zu sein – in Gentechnik, Biotechnik, Ökotechnik, Molekulartechnik, Mikrosystemtechnik, Weltraumtechnik, Computer- und Kommunikationstechnik, kurz: in High-Tech auf allen Gebieten, auf denen Vorsprung wirtschaftliche Vorteile und Nachhinken oder gar Verschlafen wirtschaftlichen Niedergang bedeutet. Diese Kreativität sucht nicht einen Ausweg aus dem Netz der Systemzwänge – der unaufhaltsam fortschreitenden Rationalisierung der Arbeitsvorgänge, der immer weiter um sich greifenden Mediatisierung, der globalen Abhängigkeiten, der Dominanz der Wirtschaft über alle Lebensbereiche, voran über die Politik –, sondern einen entschiedenen, breiten, selbstverständlichen Zugang zu dem, was da läuft. Mit dem Wort Kreativität entlockt man uns die Bereitschaft, in den mainstream der Entwicklungen – möglichst weit vorn – einzumünden.«

Genauer, meine ich, ist der gegenwärtigen Kreativitätshuberei kaum beizukommen. Deshalb sei dem lernenden Lehrer ein weiteres Buch, nein, mehr eine Streitschrift aus der Feder Hartmut von Hentigs als erfrischende und die Schulstuben lüftende Lektüre empfohlen, das erst kürzlich unter dem Stoßseufzertitel »Ach, die Werte!« erschienen ist. In diesem Buch ist zu finden, was ich in meiner Rede nur ergänzend und notorisch eigensinnig zu sagen habe. Gleich zu Beginn fordert er eine »Erziehung zur Politik«. Er warnt vor der »Verdrängung des Wissens durch Information«. Aber gleichzeitig versucht er, mit Hinweis auf Sokrates zu belegen, »wie fruchtbar und heilsam das bewußtgemachte Nichtwissen ›in den wichtigsten Angelegenheiten‹ der verständigen Lebensführung und der Regierung der Polis ist.«

Zum Schluß dieses überreichen Buches und nachdem er die überkommenen und neuerdings geforderten Werte von allem Brimborium befreit, sie nackt über den Steg der postmodernen Modenschau hat laufen lassen, ist ihm aus dem Stall der neuen Medien die jüngste heilige Kuh einen Absatz wert, den ich mit Vergnügen zitiere: »Wir müssen uns entscheiden, damit fängt alle Pädagogik an. Wollen wir eine Homepage-Öffentlichkeit, in der jeder sich an jeden wendet und sich in die Folgenlosigkeit einübt, in das Nicht-verantworten-Müssen dessen, was man in die Welt gesetzt hat? Wollen wir die ständige Beschleunigung, die fortgesetzte Entsinnlichung, die Preisgabe der Unmittelbarkeit, multa statt multum? Wollen wir digitale Vernetzung mit immer mehr Unbekannten statt Verbindung und Auseinandersetzung mit denen, die uns angehen und die wir angehen? Wollen wir das ... Untergehen der Aufmerksamkeit im großen Geräusch und der ständigen Überblendung? Wollen wir die Zunahme von ›Schein‹, die Verdrängung der erfahrbaren Wirklichkeit durch die ›virtuelle‹, des Kostbaren und Widerständigen durch das Verfügbare und Geläufige ... Mit diesen weder rhetorischen noch ironischen Fragen sind nicht die neuen Medien angeklagt, sondern unsere Willenlosigkeit, unser Zauberlehrlingsübermut, unser Opportunismus und unsere in ihm gründende Unfähigkeit zu erziehen.«

Weil diese Fragen hier in dieser Versammlung und im Kongreßverlauf unter dem Motto »Gesamtschule – Tradition und Widerspruch« zuallererst

Antwort finden müssen und werden, soll meine Verbeugung vor Hartmut von Hentig zugleich all den anderen lernenden Lehrern Respekt bezeugen, in deren Tradition ich ihn und auch mich sehe. Es ist die Tradition der europäischen Aufklärung. Von Rousseau und Pestalozzi, Herder und Humboldt reicht sie über Fritz Karsen und Adolf Reichwein bis, nun ja, bis zu unserem Hartmut von Hentig. Es gab und gibt viele Versuche, diese Schule der Aufklärung zu schließen. Oft ist es bloßer Mutwille, der da meint, neuen Aberglauben stiften zu müssen. Aber es gibt auch Gründe, an der Wirkung mündig machender Aufklärung zu zweifeln. Den gravierendsten Grund will ich nennen.

Ist es nicht so, daß Auschwitz in einem Land ermöglicht wurde, das sich zu den aufgeklärten Ländern zählte? Und war es bis dahin nicht so, daß die Bürger dieses Landes von ihren Nachbarn als derart illuminiert gesehen wurden und – im Sinn der Aufklärung – als zivilisiert gegolten haben? Ist es nicht die in Deutschland vollzogene Aufkündigung der Zivilisation gewesen, die bis in die gegenwärtigen Tage alle aufklärenden Bemühungen grundsätzlich in Frage stellt?

Im letzten Jahr lief landauf landab eine Debatte, die sich an einer Rede, gehalten in der Paulskirche, entzündet hatte. Es ging vor allem um das Recht aufs Wegsehen, gegen das Schwingen der Moralkeule, um die Rückkehr zur Normalität und gegen die Instrumentalisierung von Auschwitz. Ich habe mich an dieser Debatte nicht mit einem ausführlichen Beitrag beteiligen wollen, weil sie müßig war, nichts geklärt hat, klären konnte und allenfalls schlafende Hunde zu wecken vermochte. Denn, lieber Martin Walser, wir können uns insgeheim noch so sehr ums Wegsehen bemühen, es mag ein Verlangen geben, dem die endliche Einkehr der Normalität – was immer Schreckliches das sein wird, – als sehnlichstes Ziel gilt, es ist gewiß scheußlich, wenn eingeforderte Schuldbekenntnisse, besonders an Feiertagen, wohlfeil und nichtssagend zu haben sind, doch all diese privat empfundenen Ärgernisse, Wünsche und Bedürfnisse, die nicht nur erlaubt, sondern auch erklärbar sind, werden Mal um Mal nebensächlich oder zur Karikatur ihrer selbst, sobald uns die Nachwirkungen von Auschwitz einholen, wenn also das von der Degussa eingeschmolzene Gold, das die Deutsche Bank gelagert und transferiert hat, seine Herkunft preisgibt oder wenn der seit Jahren anhaltende Streit um das zentrale Denkmal zum Gezänk wird oder sobald sich, wie es tagtäglich geschieht, der nachgeborenen, der schuldfreien Generation die Frage stellt: Wie wurde Auschwitz möglich?

Weil wir mit dieser Frage, die nach Wissen ruft, leben müssen, wird weder das insgeheime noch das öffentliche Wegsehen von Dauer sein. Kein Denkmal, es mag ästhetisch noch so gelingen, wird uns Antwort geben. Nein, es muß das Denkmal ein Haus werden, das all jenen offensteht, die gegenwärtig und lange über die Jahrhundertwende hinweg wissen wollen, wie es einst zu dem immer noch unbegreiflichen Verbrechen, genannt Völkermord, gekommen ist. Auch wäre in einem solchen Haus, das zugleich Denkmal ist, zu erforschen, warum der Völkermord, systematisch vollstreckt an Juden und Zigeunern, dennoch – und obgleich alle Welt sich geschworen hatte: Nie wieder Auschwitz! – beim wiederholten Vollzug »ethnischer Säuberungen« Schule gemacht hat. Das ist zu wissen und also zu lehren. Selbst das Unerklärliche im Verhalten der Menschen wird, weil es bedrohlich ist und bleibt, Teil dieser Lehre sein müssen, die uns die Geschichte auferlegt hat.

Einige mögen sich jetzt fragen: Was hat all das mit dem Reformstau im Bildungswesen oder mit der herkömmlich umstrittenen Situation der Gesamtschulen zu tun? Soll dieses Thema den Bedenkenträgern, gar der allgemeinen Flickschusterei überlassen bleiben? Ich bin um Antwort verlegen. Sobald ich danach suchte, verlief ich mich im Wald einander widersprechender Modelle samt Kostenberechnungen. Da ich aber nicht in der Lage bin, eine Bildungsreform zu entwerfen oder gar Geldquellen zu ihren Gunsten springen zu lassen, zudem mein Ruf »Verzichtet auf den teuren Eurofighter, steckt das schöne Geld lieber in die Bildung!« wie manch anderer Ruf verhallt ist, kann sich meine der Gesamtschule geltende Fürsprache eigentlich nur auf Erfahrungen stützen, die ich als Vater einiger Kinder gemacht habe, die sich hier in Berlin auf Gesamtschulen, zum Beispiel in der Fritz-Karsen-Schule, bemühen durften. Sie sind dabei ganz gut gefahren. Früh schon haben sie das Widersprechen gelernt und dennoch keine nachweisbaren Spätschäden erlitten. Sie sind neugierig aufs Zukünftige geblieben, zögern und eilen auf Umwegen vor sich hin und verhalten sich dabei in der Regel sozial. Sie sind frei von jeglichem Elitedünkel, leben kenntnisreich mit ihren Wissenslücken und haben sich mit unterschiedlichem Abschluß ins außerschulische Leben davongemacht. Einer meiner Söhne ist sogar Lehrer an einer Gesamtschule. Nun streitet er mit mir über die Rechtschreibreform; doch das steht auf einem anderen Blatt.

Gegen Schluß meiner Rede, die, während sie zu Papier kam, überschattet war vom Kriegsverlauf in Serbien und von der fortgesetzten Vertreibung der Kosovoalbaner, soll noch einmal Selbstzweifel dazwischenreden. Wie immer dieser Krieg ausgehen wird, Sieger wird es keine geben. Beschädigt werden alle sein, die seine Notwendigkeit bejaht oder verneint haben. Meine stets fragile Entscheidung zum Ja wurde bestärkt von einer so kurzen wie vielsagenden Rede, die mein Generationsgenosse Erhard Eppler auf dem jüngsten SPD-Parteitag gehalten hat und in deren Verlauf er sich zu jenem tragischen, weil mitschuldig machenden Entschluß bekennt, den auch ich teile.

Um zu diesem Ja zu kommen, mußte ich Positionen aufgeben, die mir als gesichert galten. Schmerzhafte und lästige Lektionen wurden erteilt. Ich mußte dazulernen. Und gewiß haben auch Sie, im Verlauf der letzten Wochen, im Umgang mit sich und Ihren Schülern ähnliche Erfahrungen gemacht. Deshalb sollte es nicht verwundern, wenn meine Rede, die anfangs unter dem Titel »Erbarmen mit den Lehrern« stand, nun – was weiterhin zu begründen wäre – »Der lernende Lehrer« heißt.

Er ist jeder pädagogischen Bemühung vorausgesetzt. Jede noch so dringliche Reform im Bereich der Bildung wird nichtsnutz sein, wenn sie nicht den lernenden Lehrer ermöglicht. Alles den Schülern und Schülerinnen zu vermittelnde Wissen und Unwissen kann nur durch ihn auf den pädagogischen Weg gebracht werden. Und auch der Katalog der so lauthals geforderten Werte, in dem Begriffe wie Eigenverantwortung und Bereitschaft zum Risiko schillern und der sich vorgeblich bemüht, jungen Menschen in gegenwärtiger Zeit den Sinn des Lebens zu deuten, kann nur durch den lernenden Lehrer auf den Prüfstand gestellt und dem vorzüglichsten Instrument der Aufklärung, dem Zweifel, ausgesetzt werden.

Es ist wiederum Hartmut von Hentig, der in seinem Buch »Ach, die Werte!« fordert, »daß allen Lehrern aller Stufen und Gegenstände während ihres Studiums eine wenigstens zweisemestrige, eigens für sie konzipierte Veranstaltung ›Philosophische und ethische Fragen des Lehrberufs‹ zuzumuten ist«. Ich möchte diesen Vorschlag erweitern und anregen, daß Lehrerinnen und Lehrer im Dreijahresturnus für sechs Monate Abstand nehmen von ihrer täglich praktizierten Lehrtätigkeit. Auf diese Weise könnte einer Vielzahl junger, bisher arbeitsloser

Lehrer Platz gemacht werden. Und während der genannten Zeitspanne böte sich den pausierenden Lehrern die Möglichkeit, lernend zu regenerieren. Mit aufgefrischtem Elan könnten sie sich dann wieder der tagtäglichen Schulpraxis aussetzen. Ich weiß, daß solch eine Lehrpause mit Gehaltsverlusten verbunden wäre, aber als jemand, der während seiner über das Pensionsalter hinaus anhaltenden Berufstätigkeit freiberuflich hat wirtschaften müssen, weiß ich auch, daß das Überwinden von Durststrecken lernbar ist; zudem wäre es wünschenswert, wenn dem sicheren Status des Lehrers eine Verunsicherung dieser Art widerführe.

Dazu ein Beispiel aus jenem Teil der Welt, die wir, offenbar zur ersten gehörend, die dritte nennen. 1986/87 lebten meine Frau und ich für ein halbes Jahr in Indien, genauer gesagt, in Calcutta, mithin an einem Ort, in dem sich die Probleme des Menschengeschlechts bündeln. Anfangs verschlug es mir die Sprache. Nur langsam kam ich durch skizzierendes Zeichnen, das genaues Hinsehen voraussetzte, wieder zu Wörtern. Ich lernte durch Hinschauen. Die alltägliche Existenznot von Millionen Menschen und deren sogar das Elend überwindende Vitalität stellten mein angelesenes Wissen in Frage. Ständig unterwegs, kam ich auch nach Dhapa, in die tiefgestaffelte Müllregion der Großstadt. In ihr leben Tausende Menschen im Müll, vom Müll. Auch gehören sie innerhalb des Kastensystems gesellschaftlich zum Müll. Und dort, auf einem zur Ruhe gekommenen, mittlerweile planierten Müllberg, hatten eine alte Frau und ihr Mann unter dem Namen »Calcutta Social Project« eine Schule aufgebaut. Einst war dieses Ehepaar der höchsten, der Brahmanenkaste angehörig gewesen, bis sie davon Abstand nahmen und in einem ihrer Stadtvilla benachbarten Slum eine Schule einrichteten. Und da Frau Karlekar zuvor Lehrer und Lehrerinnen unterrichtet hatte, konnte es ihr gelingen, in dieser städtischen Slumschule Junglehrer heranzubilden, die später in Dhapas Müllschule Unterricht gaben.

Dort hockten unter einem Verandadach und in einem anschließenden Schulraum sechzig Kinder im Alter zwischen sechs und vierzehn Jahren auf Bastmatten und lernten Elementares. Der Eifer der Kinder, ihre so ernste wie verspielte Wißbegierde machten mir deutlich, wie sehr sie der Schule bedurften, welches Glück Schule sein kann, wie wenig selbstverständlich Schule in weiten Teilen der Welt immer noch ist und wie unzureichend wir, in der ersten Welt lebend, uns unserer privilegierten Lage bewußt sind. Wenn dort Schule Freiheitsräume und sei es nur einen Spalt breit öffnet, so erlauben wir uns hier, Schule als Zwang zu empfinden. Doch so muß, so darf es nicht bleiben. Vielleicht hat dieser kurze Ausflug in eine ferne Müllandschaft unsere so eng bemessene pädagogische Provinz ein wenig erweitert. Ich wüßte keinen besseren Ort zu nennen als unsere Gesamtschulen, in die der belebende Geist der Müllschule Dhapa einziehen möge.

Rede über den Standort

Ein Schriftsteller, also jemand ohne Mandat, maßt sich an, über etwas zu sprechen, das droht, ihm abhanden zu kommen, über sein Land, dieses umgrenzte Etwas, dessen Bestimmung von Zeit zu Zeit merkwürdig diffuse Umschreibungen provoziert, als könne man es je nach Belieben benennen, als dürfe es in Rumpelstilzchenmanier mal nach Hinz, mal nach Kunz heißen, doch nie genau beim Namen genannt werden.

Dieser Beliebigkeit entspricht sein Zustand. Seiner selbst ungewiß, bläht es sich auf, macht es sich klein. Das Gefüge meines Landes scheint ins Rutschen zu kommen, als habe man sein Mauerwerk zu schnell oder auf Sand gebaut, als sei beim Legen der Fundamente gespart oder sonstwie gepfuscht worden; nun knistert es im Gebälk.

Vor Beginn der Niederschrift dieser Rede sagte ich mir: Aber vielleicht verhält es sich so, daß dir alles, woran du Anstoß nimmst und was dir Sorge bereitet, zu nah gerückt ist. Du solltest Distanz suchen. Aus der Ferne betrachtet, gewinnt die Geliebte. Eine Reise, weit genug weg, könnte nützlich werden und dir helfen, den deutschen Eintopf mit einer Messerspitze Ironie zu würzen; du hast ja nicht vor, eine Grabrede zu halten. Beweise dich professionell. Als Schriftsteller, der die Wirklichkeit im Plural erlebt, verstehst du es allemal, dich in Fiktionen zu retten.

Und tatsächlich! Übers Jahresende gewann ich nach einem Elfstundenflug genügend Abstand zu meinem Land. Sofort nahm mich Hongkong, der Ballungsraum globaler Interessen, gefangen; dessen Geschichte ist schnell erzählt.

Großbritanniens Kronkolonie auf Abruf war das Ergebnis zweier Kriege, die Englands Handel mit Opium legalisierten, worauf ganz China bis zur inneren Zerrüttung versorgt werden konnte. Dieser Tradition treu zu bleiben versteht sich bis heute als ungeschriebenes Gesetz: Bar jeder Moral ist Hongkong der ehrlichste Ausdruck des Kapitalismus. Ganz ungeschminkt geht es dort nur ums Geschäft. Auf engstem Raum blüht die Rendite. Und im Verbund mit dem internationalen Kapital fußen nunmehr Konzerne, Großbanken und das organisierte Verbrechen auf chinesischem Familiensinn und ungehemmtem Arbeitseifer. Es ist, als habe Karl Marx versäumt, vor der Niederschrift seiner Gedanken zum »Kapital« die Lehren des Konfuzius zu lesen; wer in den Tempeln des weltklugen Lehrers mit Räucherstäbchen kokelt, hofft, daß den Göttern nichts lieblicher riecht als samt Zinseszins zählbarer Erfolg.

Entsprechend gelassen warten in Hongkong sechs Millionen Chinesen das bevorstehende Ende der britischen Kolonialherrschaft ab. Dennoch bleibt ungewiß, wie ihnen die Vereinigung mit einer Milliarde plus dreihundertfünfzig Millionen Chinesen bekommen wird. Da innerhalb der Kronkolonie nur wenig Selbstbestimmung erlaubt und allenfalls im kommunalen Bereich Praxis war, wird ihren Bürgern der zukünftige Mangel an demokratischen Grundrechten nicht sonderlich neu sein. Zudem bleibt die kapitalistische Marktordnung für weitere fünfzig Jahre garantiert, und bereits jetzt ragt die Stadt wie ein Fingerzeig ins einundzwanzigste Jahrhundert.

Schon hat sich ein von der Pekinger Zentrale begünstigter Multimillionär namens Tung mit Frau Chan, der Chefin der Hongkonger Zivilverwaltung, über die Einzelheiten der Übergabe in einem »handover pact« geeinigt. Noch wird auf englischer Seite ein wenig restliche Empörung geheuchelt, doch da mit dem Protest der einstigen Kolonialmacht gegen die Wahlmanipulationen des Herrn Tung auch die weit über hundert Jahre wirksame Methode britischer Herrschaft ins Blickfeld rückt, wird nach kurzem Getöse und dem ohnmächtigen Aufbegehren zu weniger Demokraten einzig das Geld von Gewicht sein, denn Hongkong darf ja bleiben, was es vordringlich gewesen ist: Schaufenster und Dunkelkammer des Kapitals, dessen Fluchtburg und Waschanlage, der monetäre Standort.

Und damit bin ich beim Thema meines Vortrags, den ich zwar aus asiatischer Distanz skizziert habe, der aber mit Vorrang von Deutschland handeln muß, weshalb er unter dem Titel »Rede über den Standort« zu Papier gebracht steht.

Wir wissen, er ist gefährdet. Kein Tag vergeht, an dem nicht seine Schwäche beklagt, sein Schrumpfen oder gar Verschwinden angedroht wird. Er ist kategorisch. In ihm müssen wir das A und O unserer Hoffnungen und Kümmernisse suchen. Er hat die amtliche Bezeichnung des Landes entwertet oder überschattet, jedenfalls gegenstandslos gemacht. Was mir einst als Bundesrepublik anstrengend und lieb gewesen ist, muß mir heutzutage als Standort sinnfällig sein. Dessen reiselustiger Außenminister betreibt nicht etwa herkömmliche Diplomatie, sondern vertritt Standortinteressen. Wenn es nach ihm und seinen Ministerkollegen geht, werden wohl demnächst Briefmarken mit der Firmierung »Standort Deutschland« in Umlauf kommen. Schon jetzt wird der Priorität für alles sozialpolitische Tun und Lassen mit dem Ohrwurm »Standort, Standort über alles ...« gehuldigt.

Dergestalt reduziert, beginnt uns die Republik zu entschwinden, und allem Anschein nach wird dieser Verlust nicht einmal bemerkt. Wie aber konnte es dazu kommen, daß eine Faustregel in einem Land gebräuchlich wurde, in dem bislang das Vaterland oder die Nation jeder Sonntagsrede zur Zierde gereichten? Haben sich der Begriff Bundesrepublik und deren Grundlage, die Verfassung, dergestalt abgenutzt und um ihren Wert gebracht, daß sie nur noch als Antiquitäten – hübsch, aber unnütz – im Handel sind? Oder wollte man den seit sieben Jahren vor sich hin köchelnden und gelegentlich überkochenden Nationalismus kaltstellen, indem man das Staatsgebilde mitsamt seinen überlieferten Widersprüchen auf den simplen Nenner Standort verkürzte? Oder müssen im Untergrund wühlende Anarchisten vermutet werden, die, wie man weiß, schon immer den Staat so radikal abschaffen wollten? Und sind mit ihnen innerhalb der Regierung und der sie lenkenden Großindustrie Verfassungsfeinde am Werk, die, anstelle des Grundgesetzes, eine nur dem Standort Deutschland verpflichtete Rentabilitätsrechnung in Kraft setzen möchten? Schließlich muß gefragt werden: Sind der Verfassungsschutz und der Bundesnachrichtendienst diesen gefährlichen Machenschaften auf der Spur, oder steht zu befürchten, daß unsere allwissenden Sicherheitsorgane mittlerweile umdisponiert haben und sich nur noch in Diensten des Standortes bewähren? Ist gar am Ende nicht nur der Rinderwahnsinn so heillos standortfixiert?

Ich weiß, weil jemand ohne Mandat, also ein Schriftsteller zu Ihnen spricht, kann davon ausgegangen werden: Er übertreibt. Und ich gebe zu, daß das Übertreiben zu meinem Handwerk gehört. Dennoch bitte ich Sie zu bedenken, inwieweit und wie oft mich Erfahrungen gelehrt haben, meiner vorauseilenden Sicht zu folgen; auf niederschmetternde Weise sind meine schlimmsten Übertreibungen von der Wirklichkeit überboten worden.

Zum letzten Mal habe ich vor sechseinhalb Jahren – so hieß es – maßlos übertrieben. Sie erinnern sich: Es ging um die deutsche Einheit. Noch gab es, wenn auch als schäbigen Rest nur und vorbeugend zur

Schrottmasse erklärt, den anderen deutschen Staat, die DDR. Die werde billig zu haben sein, rechneten sich Schlauberger aus. Man müsse nur zugreifen.

Ich war gegen diesen übereilten Zugriff und warnte davor, mit Hilfe einer wahltaktisch zwar wirkungsvoll ausgeklügelten, jedoch volkswirtschaftlich ruinösen Währungsunion jegliches DDR-Produkt und mit ihm eine Vielzahl von Arbeitsplätzen auf Null zu bringen. Ich widersprach der westlichen Regierungsabsicht, die Vereinigung der beiden Staaten einzig über den Beitrittsartikel 23 zu vollziehen und den das Grundgesetz abschließenden Artikel 146 zu mißachten. Ich sagte voraus: So formal und papieren praktiziert, werde der Beitritt zum Anschluß verkommen. Ich verhöhnte die Praxis der zentralistischen Abwicklungsmaschinerie Treuhand und war mir gewiß, daß solch ein unkontrollierbares Monstrum ein Übermaß an kriminellem Eifer freisetzen werde. Ich schlug einen verlangsamten, zur Behutsamkeit einladenden Weg der Einigung zwischen den Deutschen vor, verbunden mit einer Zielvorstellung: Nicht eine vergrößerte Bundesrepublik, sondern etwas Neues, ein Bund deutscher Länder, möge entstehen und so das Beste, das wir haben, den Föderalismus, stärken. Ich warnte, verneinte, schlug vor, ich machte mir Sorgen und meinte deshalb, beim Ausmalen absehbarer Gefahren dick auftragen zu müssen.

Damals, als ich so schrecklich übertrieb, wurde mir als Bezeichnung für meine nebenberufliche Tätigkeit der Titel »Schwarzseher der Nation« angehängt. Dabei hatte ich nur abgestufte Grauwerte benannt; für dicke Schwärze hat dann die immer noch amtierende Bundesregierung gesorgt: Die von ihr verursachte Arbeitslosigkeit ist selbst durch eingeübte Ignoranz nicht mehr zu verdecken; gehäuft zutage tretende Treuhandskandale bezeugen den von mir befürchteten kriminellen Eifer mit milliardenschweren Verlusten. Ein Heer von Glücksrittern bewies nach Manier mittelalterlicher Raubritter hemmungslosen Instinkt. Kleine und große Schnäppchen wurden gemacht. Das »Absahnen« in großem Stil erfreute sich steuerlicher Begünstigung; und schon bald sahen sich die ohnehin geschädigten Bürger der ehemaligen DDR enteignet: Fortan gehört der Osten weitgehend dem Westen; und dieser Besitz wird von Generation zu Generation vererbt werden.

Nur in den übelsten Phasen deutscher Geschichte hat Habsucht so folgenreich um sich greifen dürfen. Arroganz sprach sich aus: Wir nehmen Euch den Krempel zum Schrottpreis ab und zahlen noch ne Kleinigkeit drauf. Nach dieser Devise haben westdeutsche Konzerne mögliche Konkurrenz zum Verschwinden gebracht. Ob in Zwickau oder Magdeburg, ob in Bischofferode oder Eisenach, überall wurde vorsorglich planiert.

Und ähnlich rabiat war man bemüht, alles zu löschen, was an den untergegangenen Staat hätte erinnern können. Ob Polikliniken oder betriebseigne Kindergärten, nichts durfte bleiben. Kulturleistungen, die trotz Zensur und gegen ideologische Engstirnigkeit ihren Bestand bewiesen hatten, waren westlicher Mißachtung sicher. Bücher wurden wie Makulatur, Bilder als Schund bewertet. Und die Goldmedaillen erfolgreicher DDR-Sportler hatten im Nachholverfahren als dopingverdächtig zu gelten. Nur dem in der Berliner Normannenstraße gesichteten Spitzelfleiß des Staatssicherheitsdienstes kam ungeschmälert Bedeutung zu: Bis heutzutage wirkt und lähmt das freigesetzte Gift.

So ging und geht man mit Menschen um, die die schwerste Folgelast des von allen Deutschen verbrecherisch geführten und verlorenen Krieges hatten tragen müssen. Nicht ein Lastenausgleich wurde gewährt, vielmehr nahm man wie von erobertem Feindesland Besitz. Landsleute, denen während vierzig Jahre lang anhaltender Diktatur Leid genug zugefügt wurde und die, als dann die Mauer fiel, in gutem Glauben gewesen waren, sie dürften ihre beschädigte Existenz vor weiterer Entstellung bewahren, sahen sich fortwirkendem Stasiverdacht ausgesetzt. Und jenes westliche Angebot von Freiheit, das so verheißungsvoll gewesen war, reduzierte sich bald auf Begriffe wie »Reisefreiheit« und »Freiheit des Marktes«.

Jadoch: Bislang nur geträumte Reisewünsche gingen in Erfüllung. Reichbestückte Schaufenster erfreuten zumindest das Auge. Aber schon bald kehrte der Alltag ein, und die Bürger des entschwundenen Staates lernten den von ihren Ideologielehrern einst verteufelten Kapitalismus nun fern aller Theorie, hautnah und in Praxis kennen. Und siehe da: Er schlug erbarmungsloser zu, als von den rötesten Sokken angedroht. Arbeitslosigkeit wurde für viele Menschen zum Dauerzustand. Nach kurzer Schonfrist stiegen die Mieten. Auf Grundstücke, Häuser und Häuschen fiel der Blick westlich geschulter Spekulanten. Zwar stürzten hier und da Denkmäler, doch zugleich wurde der Naturforscher Darwin zum Schutzheiligen der Märkte ausgerufen und zeitgleich das »Recht des Stärkeren« proklamiert.

»Die Freiheit hat ihren Preis!« hieß es. Folglich bot sich nicht die »soziale Marktwirtschaft« als neue Erfahrung an, vielmehr kamen jene Methoden zum Zug, die seit dem neunzehnten Jahrhundert als Manchester-Liberalismus berüchtigt sind; gratis war nur noch der Spott der Partei der Besserverdienenden zu haben. Wer geglaubt hatte, er hätte sich nach folgsamer Ablösung des Rufes »Wir sind das Volk« durch die Behauptung »Wir sind ein Volk« dem Westen einverleibt und so das »einig Vaterland« gewählt, wurde bald mit der Standortfrage bekannt gemacht.

Die Antwort jener von der Treuhand getätschelten Investoren heißt: Das rechnet sich nicht. Da läßt sich keine müde Mark wachküssen. Der Osten taugt nicht als Standort. Ja, selbst der Westen des Landes droht zu verrosten und verliert an Attraktion. Zu hoch sind Löhne und Lohnnebenkosten, zu investitionsfeindlich die ökologischen Auflagen, zu morsch die Leistungsmoral. Zwangsläufig muß sich der Standort Deutschland in Billiglohnländer verlagern. Dort ist freies Unternehmertum hochwillkommen. Ob in Malaysia, Brasilien oder nachbarlich bei den Tschechen, überall küßt man uns die Füße, nur hierzulande will niemand akzeptieren, daß wir in einer Zeit leben, die sich der Globalisierung der Wirtschaft verschrieben hat.

Habe ich schon wieder übertrieben, zu dick aufgetragen, einen Teufel katastrophensüchtig an die Wand gemalt? Will dieser Schriftsteller etwa der kommunistischen Zwangswirtschaft das Wort reden? Hat er noch immer nicht begriffen, daß es zum Kapitalismus keine Alternative gibt? Will er sich etwa als »vaterlandsloser Geselle« häuten, um sich nunmehr als zynischer Verächter des Standortes Deutschland durch sein Geschreibsel zu schlängeln?

Da diese Fragen keine freie Erfindung, mir vielmehr in ihrer Substanz, wenn auch in anderer Diktion, über den Weg gelaufen sind, will ich ein wenig aus meinem ureigensten Nähkästchen plaudern; es ist ja nicht so, daß mir, dem Wessi, einschlägige Erfahrungen erspart worden sind: Dem Schriftsteller meines Namens ist schon wiederholt die Abschußliste als Standort zugewiesen worden.

Vor eineinhalb Jahren kam mein Roman »Ein weites Feld« auf den Buchmarkt. Einerseits gab sich unverkennbar ein Kind meiner schriftstellerischen Laune zu erkennen; andererseits hing dem ausgetragenen Balg der Geruch des Zeitgeschehens an. Mir, dem erklärten Verfassungspatrioten, war der politische und die Gesellschaft umschichtende Vorgang der deutschen Einheit wichtig genug gewesen, um mich, länger als eine Legislaturperiode dauert, ans Manuskript zu binden. Mein Ehrgeiz spitzte sich auf die Absicht zu, den chronologisch geordneten Zeitverlauf aufzuheben und die Vergangenheit gegenwärtig zu machen. Gewitzt durch die scharfsinnigen Einsichten des Schriftstellers Theodor Fontane, hatte ich mir vorgenommen, die Geschichte und die Geschichten der deutschen Einheit, die des Jahres 1871, die des Jahres 1990, in aller Breite verwoben und bis in Nebensächlichkeiten hinein zu erzählen; dabei ging mir der Faden nicht aus.

Als das Ergebnis zum Buch gebunden vorlag, zeigte sich, daß mein Tintenfleiß den Leser forderte: Und er ließ sich herausfordern, abstoßen und wieder einfangen, er nahm den Roman an, sei es als ziegelsteinschweren Schmöker, sei es als mehrschichtige Fundgrube, in der sich der Abfall der Geschichte sichten läßt.

Anders reagierte ein Großteil der westlichen Kritik. Was ich erzählte und erzählend auf die Spitze getrieben hatte, paßte nicht in die gute Stube der siegreichen Ideologie. Ein wenig erschrocken stellte ich fest, daß mir ein Schlachtfest bereitet werden sollte. Weil es der Wahl meiner Erzählperspektive entsprochen hatte, aus der Sicht der vom Einheitsprozeß Betroffenen, also von unterster Talsohle aus, zu schreiben, begann man die Messer zu wetzen. Mandatsträger empörten sich über den Schriftsteller ohne Mandat. Falsche Zitate belebten die Feuilletons. Ein Einzeldarsteller, der sich bei hoher

Einschaltquote als Quartett ausgibt, meinte sogar, im Dienst des Nachrichtenmagazins »Der Spiegel« und durchaus fotogen, das Buch zerreißen zu müssen.

Welch ein Aufwand! Offenbar hatte ich die Sieger beim Siegerfrühstück gestört. Nach Meinung landesweit wabernder Hofberichterstattung war die deutsche Einheit etwas rundum Gelungenes, trotz kleiner Mängel reif für die Historie, ein Schmuckstück künftiger Schulbücher und – was den regierenden Kanzler betraf – gewichtig genug für Vergleiche mit einem anderen Kanzler, nach dem bis in unsere Tage ein Hering benannt wird.

Nach Maß der Schnellebigkeit unserer Zeit ist das alles lange her. Die Kritiker von gestern geben sich heute maulfaul oder säuseln indifferent. Inzwischen liegt mein Roman in ersten Übersetzungen vor. Und nun zeigt sich, daß es außerhalb des Standortes Deutschland so etwas Altmodisches wie eine Literaturkritik gibt, die auf Lektüre beruht. Ein wenig stolz stelle ich fest, daß der Schriftsteller ohne Mandat nicht kleinzukriegen ist; er hat den längeren Atem. Und eine mich verblüffende Einsicht bestätigt sich hartnäckig: Die Sieger der Geschichte können mit ihrem vermeintlichen Sieg nichts anfangen. Schon genieren sie sich ein wenig, ihn als Ikone bei laufender Kamera vorzuzeigen. Sie sitzen auf ihrem Sieg wie auf einem schlecht verkäuflichen Artikel, der, nach altem Sprachgebrauch, Ladenhüter genannt werden könnte.

Wer die Hand hinters Ohr hält, hört, wie die siegreichen Ideologien des Kapitalismus ihre absoluten, nunmehr auf Globalisierung setzenden Forderungen ins Leere heisern. Sie hungern nach einem Echo. Es fehlt der Feind, das lautstarke Gegenüber. Wie soll man weiterhin die Welt in Gut und Böse teilen können, wenn das Böse, weil besiegt, nicht mehr mitspielt, verschwunden oder zumindest vorläufig wie aus der Welt ist. Sicher, es gibt den Islam, das organisierte Verbrechen, wahnwitzige Sekten; aber mit den Moslems will man Geschäfte machen, der Mafia ist man über nützliche Geldwaschanlagen verbunden, und was jene besonders gefährliche Sekte angeht, findet man sich mit ihr häufig genug auf einer Wellenlänge. Was also macht ein Sieger, wenn sein altvertrauter Feind, der immerhin fast ein Jahrhundert lang stark und gefährlich genug gewesen ist, um gegen ihn heiße und kalte Kriege zu führen, nur noch durch Abwesenheit glänzt, wie weggeputzt, keiner verwertbaren Bedrohung mehr fähig?

Und schon rumort in mir der Schriftsteller. Den gestern noch siegreichen Kapitalismus stelle ich mir – ganz unmarxistisch – als eine vom Schicksal im Stich gelassene Person, als Individuum vor: ein Herr mittleren Alters, korrekt gekleidet, nur der Schlips will nicht sitzen. So steht, nein, klebt er auf einem Hokker, der einsame, der vereinsamte Kapitalist. Zwar ist er noch immer gefürchtet und wohl auch verhaßt, doch niemand will ihm mehr widersprechen. Was immer er sagt, und sei es der abgeschmackteste Unsinn, etwa seine Standardformel »Der Markt regelt alles«, gilt als sakrosankt. Gegen seinen Willen ist er, wie der Papst, in den Geruch der Unfehlbarkeit geraten. Ein armer Kerl, sage ich mir ohne Bedauern und beginne, ihn literarisch abzuschöpfen. Zur Romanfigur taugt er nicht. Ihm fehlt das widerspruchsvolle Umfeld; er ist zu eindeutig geraten. Wohl aber könnte ich ihn mir auf der Bühne vorstellen, in einem aktionsarmen Einpersonenstück nach beckettscher Manier. Der kaum den Abend füllende Einakter hieße: »Der vereinsamte Kapitalist«.

Mal sitzt er auf dem Hocker, mal läuft er auf und ab. Ein Handy verbindet ihn mit der Welt. Global kauft er auf, stößt er ab, übernimmt er Mehrheiten, fusioniert. Seine Aktien steigen. Und doch hören wir ihn lamentieren. Viel Neues fällt ihm dabei nicht ein. Die alte Platte: zu hohe Lohnnebenkosten, der jegliche Modernisierung hemmende Kündigungsschutz, staatliche, deshalb investitionsfeindliche Bürokratie, beklagenswerte Eingriffe in das Naturgesetz »Angebot und Nachfrage«. Schließlich bejammert er den Standort. Und da mein beckettscher Einakter auf einer deutschen Studiobühne spielt, geht es lamentierend um den Standort Deutschland.

Er erwägt, ihn demnächst zu verlassen. Er droht dem Wirtschaftsminister, der in meinem Einakter natürlich anders heißt als der gegenwärtig austauschbare, milliardenschwere Kapitalflucht an, wenn dem Kündigungsschutz nicht sofort eine drastische Zahnbehandlung widerfahre. Dem Kanzler grollt er, weil dessen Übergewicht sich allzusehr in noch zu schreibenden Geschichtsbüchern gefalle. Unzufrieden mit seinen Angestellten, kündigt er den globalen Entzug von Schmiergeldern an.

Doch plötzlich wird mein vereinsamter Kapitalist im gleichnamigen Einakter lyrisch. Er sieht sich unverstanden, weil der Entwicklung weit voraus. Er gefällt sich in tragischer Rolle. Er feiert seine Einsamkeit, sehnt sich aber dennoch nach einem Gegenüber. Da nichts greifbar ist, beginnt er den total besiegten und wie weggeputzten Kommunismus zu loben. Ach, das waren noch Zeiten, als man sich gegenseitig belauert und doch familiär verstanden habe, wenn auch in verfeindeter Familie, sozusagen wie unter Zwillingsbrüdern mit allzeit tickendem Neidgefühl. Und als es an der Zeit gewesen war, gegen eine familieninterne Mißgeburt, den Faschismus, zu kämpfen, habe man aus diesem Kampf sogar eine gemeinsame Sache gemacht, wenngleich nur vorübergehend. Auch gegen Sozis und ähnliche Spinner sei man sich einig gewesen: Dritter Weg? – Nicht mit uns! Und selbst wenn man gewisse Familienähnlichkeiten, etwa den Eigentumstick, durchaus als peinlich empfunden habe und man deshalb nicht müde geworden sei, den Feind im jeweils anderen zu sehen, müsse heute zugegeben werden, daß dem Kommunismus Vergleichbares fehle, sozusagen als Stimulanz. Neinnein! ruft er. Nichts ist in Sicht. Ödnis breitet sich aus.

Und dann verstopft mein einsamer Kapitalist die Ohren. Er mag den Chor seiner regierungsamtlichen Lobby nicht mehr hören. Die Bilanzkunststücke des ihm folgsamen Finanzministers machen ihn gähnen, und die Rücktrittsdrohungen seines Ministers für Arbeit und Soziales findet er, selbst als Clownsnummer, nicht mehr lachhaft. Er sieht sich in existentieller Notlage. Angst bereiten ihm Träume, in deren Verlauf ihn sein Zwillingsbruder, der totgesagte Kommunist, in die Grube zieht: Komm, Brüderchen, komm. Was willst Du da oben noch? Wir gehören zusammen. Ohne mich gehst Du an Dir zugrunde. Nur zu zweit waren wir lebensfähig...

Er, der Vitale, der Marktbeherrscher, der Überlebenskünstler, sieht sich alleingelassen. Mit Wortkaskaden redet er dem Kapitalismus eine Vielzahl dem »Schwarzen Freitag« nacheifernder Börsenkräche, den monetären Overkill, eine globale Krise an den Hals, wenn nicht bald, wenn nicht sofort etwas geschehe...

Aber was genau wünscht er sich abseits der Standortfrage? Was könnte einem vereinsamten Kapitalisten zur Rettung gereichen? Davon vielleicht später im Verlauf meiner Rede. Dieses Theaterspiel ist noch unfertig. Abermals muß ich mich auf die außertheatralische Wirklichkeit besinnen; die ist abendfüllender, als es ein Einakter jemals sein kann.

Zudem stellt sich nun landesüblich die Frage nach dem Positiven. Wo bleibt es? Ja, wo? Soll ich Milliarden aufzählen, die von West nach Ost geflossen sind und sich zum satten Teil rückläufig angereichert haben? Soll ich Stolpe, Biedenkopf, Gysi, Frau Hildebrandt preisen, die dem Osten gelegentlich Stimme geben? Erwarten Sie von mir, daß ich ein

Preisgedicht auf Dresdens glanzvoll erneuerte Barockfassade reime? Wohl kaum. Was aber halten Sie davon, wenn nun Ihr Schriftsteller ohne Mandat versuchsweise ein Loblied auf die Verfassung zu singen beginnt?

Zugegeben: Sie ist schwer beschädigt worden, als ihr mit Zustimmung der Sozialdemokraten ein Kronjuwel, das grundgesetzliche Recht auf Asyl, genommen wurde. Bleibenden Schaden richtete eine Mißachtung sondergleichen an: Seitdem der Schlußartikel der alten bundesrepublikanischen Verfassung, der den Deutschen im Fall der Vereinigung eine neue Verfassungsgrundlage versprach, ersatzlos gestrichen ist, leben wir alle – und offenbar klaglos – mit diesem Verfassungsbruch.

Aber ich wollte ja lobpreisen oder zumindest ein positives Scherflein absondern. Hier ist eines. Noch immer bestimmt uns der Artikel 14, Absatz 2: »Eigentum verpflichtet. Sein Gebrauch soll zugleich dem Wohle der Allgemeinheit dienen.« Ein hochherziger Artikel. Die Väter des Grundgesetzes haben, eingedenk des Untergangs der Weimarer Republik, diese Verpflichtung festgeschrieben. Bis in ihre sich christlich nennenden Parteien hinein begriff sich die Bundesrepublik einst als »soziale Demokratie«.

Was ist davon geblieben? Wenig, doch immerhin der Artikel 14, Absatz 2. Entspricht aber dieses Versprechen der Verfassungswirklichkeit? Oder anders gefragt: Habe ich als Verfassungspatriot noch restlichen Anlaß, unser Grundgesetz zu loben? Ich fürchte, nein. Denn wenn demnächst dem Willen unserer allerchristlichsten Parteien und ihrem sich liberal nennenden Anhängsel entsprochen wird, kann keine Vermögenssteuer mehr erhoben werden und darf sich das Eigentum freuen: Nie mehr wird es steuerrechtlich belangt und »sozial verpflichtet« sein.

Ich weiß: Niemand zahlt gerne Steuern. Auch mich, den gutverdienenden Schriftsteller, wird dieser Halunkenstreich entlasten. Doch meine Freude ist geteilt, weil sie mit dem Verlust eines Verfassungsartikels erkauft werden wird, der bislang eine Vielzahl von Vermögenden sozial verpflichtet hatte. Hinzu kommt, daß eine so einseitige Begünstigung in Zeiten gewährt wird, in denen Sparsamkeitsgebote zuallererst den sozial Schwachen vorgeschrieben sind; nicht ohne Grund hat Armut zunehmend Verelendung zur Folge und wächst die Zahl der Obdachlosen.

»Wir müssen alle den Gürtel enger schnallen«, weiß der Kanzler zu sagen. Welch ein Ausmaß an Zynismus! In welcher Schublade ist die Bergpredigt von jenen Parteien abgelegt worden, die sich unverdrossen auf den Sozialrevolutionär Jesus Christus berufen? Wenn das Wort »gotteslästerlich« noch einen Sinn macht, trifft es auf den gegenwärtig regierenden Heuchlerverein zu. Doch seien Sie gewiß: Mein Verdikt kann diese sich zwischen Schuldenbergen versteigende Seilschaft nicht jucken. Schnurstracks wird ein ehemaliger Pastor, namens Hintze, den Wegfall der Vermögenssteuer als notwendige Maßnahme zum Wohle der Allgemeinheit erklären. Bliebe diese Last, bestünde für Vermögende nur ein Ausweg: die Kapitalflucht. Abermals wäre der Standort Deutschland gefährdet. Die Standortfrage jedoch habe Priorität.

Da ich im Verlauf meiner Rede nunmehr bei Steuerfragen und Steuergerechtigkeit gelandet bin, juckt es den Schriftsteller in mir, einen zweiten Einakter fürs Theater zu skizzieren, sozusagen als Ergänzung zum Einakter über den vereinsamten Kapitalisten; vielleicht gelingt mir doch noch ein abendfüllendes Programm. Wer Gestank nicht fürchtet und in den heimischen Sumpf faßt, dem bietet sich Stoff genug an.

Diesmal ist es ein Zweipersonenstück, das belehrend und unterhaltsam sein will. Keine Dekoration. Fast leer ist die Bühne. Im Vordergrund, nahe der Rampe, sitzt seelisch gebrochen ein Mann, der sich monologisch als Vater einer weltbekannten Tennisspielerin zu erkennen gibt. Und schon belebt die prominente Tochter im Licht eines Scheinwerfers den Hintergrund der Bühne. Mit dem Rücken zum Publikum schlägt sie Bälle gegen eine Wand, als trainiere sie zukünftige Turniersiege. Erstaunlich ist ihre Rückhand, hart der Aufschlag.

Der Vater hingegen sitzt in Untersuchungshaft, soll aber demnächst entlassen werden, obgleich ihm millionenschwere Steuerhinterziehung angelastet wird und ihn deshalb ein Prozeß erwartet. Er rechnet halblaut, zählt an den Fingern ab, verrechnet sich. Dabei geht es um enorme Summen. So ziemlich alles, was sein fleißig trainierendes Töchterlein in Europa und auf den restlichen Kontinenten eingespielt hat und was ihr an Sponsorengeld zugeflossen ist, hat der Vater fürsorglich nicht als Einnahme deklariert, vielmehr sah er sich schlau beraten und vom Finanzamt durch Wegsehen ermuntert, das schöne Geld dem Standort Deutschland zu entfremden. Und nun auf einmal soll, was der Vater der prominenten Tochter als wohlverdientes Privileg verstanden hatte, strafbar, weil ungesetzlich sein.

Er jammert seinem Töchterlein, das unermüdlich von der Grundlinie aus Asse schlägt oder mit der Rückhand pariert, sein Elend. Immer wieder beteuert er, wie gutgläubig er sich auf das für ihn zuständige Finanzamt verlassen habe. Man sei kulant gewesen und habe ihm vier Jahre lang keinen Papierkram, keine einzige Steuererklärung abverlangt. Und der im Land der Schwaben amtierende Finanzminister, der, wie man wisse, ein geneigter Freund aller Sportler und nicht nur der Fußballer sei, habe mal das eine, mal das andere Auge und schließlich beide zugedrückt, gewiß, weil das siegreiche Töchterlein und ihr selbstlos wirksamer Vater sich eine Sonderbehandlung verdient hätten. Ob in New York oder Australien, in London oder bei den French Open in Paris, jeder Grand-Slam-Sieg der Tochter komme nicht nur den Sponsoren zugute, sondern nütze auch dem Standort Deutschland. Man müsse das großzügig sehen, habe es geheißen. Und nun plötzlich, nur weil irgend jemand gepetzt hat...

Erbärmlich ruft der Vater um Hilfe. Nach Zuspruch verlangt ihm. Doch die sich im Hintergrund jeden Ball hart erarbeitende Tochter gibt nur gelegentlich und dann mürrisch Antwort. Während Pausen, sobald sie sich zwischen Spiel und Spiel auf einem Bänkchen den Schweiß wischt, kommt ihr der eingekerkerte Papa in den Sinn: Jaja, sie werde ihn bald besuchen. Nach diesem oder dem nächsten Turnier. Richtig Sehnsucht habe sie nach ihrem Zuhause. Aber leider könne sie übers Geld nur wenig sagen. Geld sei für sie kein Thema. Sie könne nur welches anschaffen. Und das werde sie auch, fleißig weiterhin anschaffen. Sie müsse nur am Ball bleiben und zäh an sich arbeiten, damit keiner der Sponsoren sauer zu reagieren beginne. Und auch aus Liebe zum Vater...

Der bleibt auf seinem Jammer sitzen. Noch hofft er, daß ihn der Minister und Sportsfreund entlasten werde. Schließlich habe ihn dessen Behörde ermuntert, etwas zu tun, was nun häßlich Steuerhinterziehung heiße. Jaja, ruft er, auf einen solchen Freund kann man sich verlassen.

Aber der Minister und die restlichen Sieben Schwaben wollen von all dem nichts gewußt haben. Alleingelassen sitzt der Vater auf seinem Armsünderbänkchen, rechnet, verrechnet sich und weiß gar nicht mehr, wo er diese oder jene Million fern dem Standort deponiert hat. Sich zum Trost hört er auf die trocknen und zielgenauen Returns, auf das immer noch spitzenmäßige Aufschlagspiel seiner Tochter. Ach, wenn doch ein Wunder geschähe, vergleichbar dem, das zur Zeit als Wegfall der Vermögenssteuer wohltätig zu sein verspricht. Im Hintergrund hat sich die Tochter beim Sprung zur gedachten Seitenlinie den Fuß verknackst.

Sie werden bemerkt haben, daß auch dieser Einakter keine Katharsis, geschweige denn ein Happy-End erlaubt. Es sitzen ja nicht die Finanzbehörde und deren Minister auf der Anklagebank, sondern nur ein armselig standortflüchtiger Steuerhinterzieher. Allenfalls darf man erwarten, daß hinter den Theaterkulissen eine Hand die andere waschen wird und daß dem Richter mildernde Umstände einfallen werden; und auch beim Einakter, der vom vereinsamten Kapitalisten handelte, bleibt es bei der Vereinzelung. Niemand will ihm Gesellschaft leisten. Ohne Widerpart ist er Opfer seines Sieges über jegliche Opposition. Es sei denn...

Und schon beginnt das Wünschen und mit ihm die wunschgerechte Spekulation. Man stelle sich landauf, landab ein Rumoren vor. Wie anderswo auf der Welt, erwacht auch bei uns Bürgersinn. Weckrufe werden laut, vernehmlich sogar jenen Parteien, die wie alteingesessen auf der Oppositionsbank dahindämmern und ihr Ego nuckeln. Wie einst im neunundachtziger Herbst wäre in Ost und West, also verhältnismäßig geeint, der Ruf »Wir sind das Volk« zu hören. Sogar die junge Generation, die sich bis dahin cool gegeben hatte, stünde hitzig in vorderster Reihe. Den mittlerweile betagten Achtundsechzigern fiele ein, sich aus ihren Befindlichkeiten zu lösen, und auch alte Knacker wie ich wären dabei. Nein, keine Revolution stünde auf der Tagesordnung. Nicht mit der Mao-Fibel in hochgereckter Hand, nur mit dem Grundgesetz bestückt, einer, zugegeben, lädierten Waffe, käme es darauf an, den alles nivellierenden Begriff »Standort« zu löschen und wiederum die Bundesrepublik ins Recht zu setzen, auf daß sie sich sozial begreife, auf daß sich das Eigentum dem Wohle der Allgemeinheit verpflichte.

Gewiß keine Utopie, aber ein schöner Wunsch, der immerhin noch geträumt werden darf. Und dennoch mag ihn die Wirklichkeit nicht spiegeln. Zwar nehmen gelegentlich einzelne Gruppen, Postboten, Krankenhausangestellte, Bauern oder ein Häuflein Rentner protestierend von der Straße Besitz, aber das Volk bleibt aus. Die Jugend versteckt sich hinter ihren Ängsten. Keine Universität will Ort geistiger Höhenflüge sein. Die Achtundsechziger hecheln dem Zeitgeist hinterdrein. Und die alten Knacker schimpfen am Stammtisch. Ohne Widerspruch wird das Desaster der deutschen Einheit akzeptiert, so spürbar klaffend soziales Unrecht das Land abermals teilt.

Telegenes Plappern herrscht vor. Zur unverbindlichen Redensart ist die Einsicht verkommen, daß sich die Deutschen in Ost und West fremder denn zuvor voneinander abwenden. Folglich werden die täglich nachgelieferten Treuhandskandale wie Kavaliersdelikte hingenommen, wenngleich ein Sumpf von Korruption Blasen schlägt. Zwar wird beflissen und auf allen Kanälen von einem grenzenlosen Europa inklusive Euro-Währung geredet, aber die Landesgrenzen sind engmaschig geknüpft. Indem ein Innenminister von kaltschnäuzigem Format mit neuesten Abschiebeerlassen die bosnischen Flüchtlinge aus dem Land treibt, nährt er die latente Fremden- und Ausländerfeindlichkeit. Doch sonst wird nichts bewegt. Zur wachsenden Arbeitslosigkeit fallen dem klebfestesten aller Bundeskanzler nur noch durch nichts gedeckte Großversprechen fürs Jahr 2000 ein, als wolle er sich jetzt schon in bewährter Wahlkampftechnik üben. So anrüchig solche Vortäuschungen mittlerweile sind, bleibt doch zu befürchten, es könnten des Kanzlers Lügen, weil von faustdicker Qualität, zum wiederholten Male geglaubt werden.

Als ich Anfang Januar aus Hongkong zurückkehrte, herrschte in weiten Teilen Europas, so auch in Deutschland, Frost. Dieser winterliche Temperatursturz war, wie man sagt, saisonbedingt; jene soziale Kälte jedoch, die mein Land heimgesucht hat, ist nicht vom Wetter abhängig. Was zunehmend Arbeiter und Angestellte, die vielen Arbeitslosen, die Kranken und Alten, aber auch Jugendliche ohne Lehrstelle frieren macht, hat sich als Dauerfrost eingenistet. Kein Frühling kann solche Kälte vertreiben. Sogar die Landessprache scheint zu vereisen, sobald mit allerneuesten Konjunkturprognosen den Frierenden einige Wärmeeinheiten verheißen werden. Man kennt dieses von wechselnden Wirtschaftsministern zelebrierte Ritual seit Jahren.

Niemand traut dem Schwindel, doch zur Nachricht frisiert wird jede dem Standort dienliche Heilsbotschaft nachgeplappert. Alle Medien sichten den Silberstreif. Es ist, als sei Andersens Märchen »Des Kaisers neue Kleider« in Vergessenheit geraten. Es ist, als wollten tausend beflissene Federn dem nackten Kaiser ein Schutzmäntelchen andichten.

Vor fünf Jahren habe ich in München aus vergleichbarem Anlaß gesprochen. Der Vortrag hieß »Rede vom Verlust«. Meine Bilanz, die Verlorenes aufzählt, ist seitdem länger geworden. Doch wie schon damals, so stellt sich auch heute die Frage: Was ist aus meinem, aus unserem Land geworden? Wie erklärt sich der Zerfall der Bundesrepublik Deutschland, deren sozialer Ausgleich einst beispielhaft genannt worden ist? Ohne kommunistisches Stichwort, aus freien Stücken sozusagen, hat sich in ihr jene Klassengesellschaft erneuert, die man mit Hilfe der »sozialen Demokratie« glaubte überwunden zu haben. Einer Horde von Stümpern und Kahlschlägern wurde erlaubt, die tragenden Stützen unseres Gesellschaftsvertrages, die Kranken- und Rentenversicherung, zu beschädigen. Der Arbeiter und Angestellten eigene Leistung, die Arbeitslosenversicherung, ist vor staatlichem Zugriff kaum noch geschützt. Und gegenwärtig soll mit einem weiteren Raubzug, auch »große Steuerreform« genannt, dafür gesorgt werden, daß die Reichen in frostigen Zeiten nicht frieren müssen. So wird ein Staat zugrunde gerichtet, dem der annähernd gerechte Ausgleich zwischen Arbeit und Kapital, dem ein sozialer Frieden zu erheblichem Wohlstand und einigem Ansehen verholfen hatte.

Auf die Frage, wie es zu diesem Werteverfall kommen konnte, werden mein »Vereinsamter Kapitalist« und auch der »Prominente Steuerhinterzieher« nur unzulänglich Auskunft geben können. Als beispielhafte Akteure im zur Zeit laufenden Verfallsdrama begreifen sie sich allenfalls als Opfer ihrer eigenen Machenschaften. Wieder einmal kann nur der Blick zurück einige Ursachen des gegenwärtigen Zustandes sichten.

Bald sind es fünfzig Jahre her, daß aus selbstverschuldeter Not in einer Trümmerlandschaft, zu der auch menschliche Ruinen gehörten, zwei deutsche Staaten entstanden. Sie wurden nicht nur auf Befehl der damaligen Sieger, sondern auch aus eigenem Willen gegeneinander gegründet. Dem östlichen Staat war als Zwangsjacke die stalinistische Diktatur vorgeschrieben, dem westlichen stand, nach langer Zeit lähmender Restauration, endlich die Entwicklung zur Demokratie offen; beiderseits bewährte man sich als Musterschüler. Obgleich sie verschieden groß bemessen wurden und an gegensätzliche Bedingungen gebunden waren, ergab sich dennoch etwas Gemeinsames: In beiden Staaten mußte hart gearbeitet werden, so kamen ihre Bürger zu jeweils systembedingtem Wohlstand. Doch dem östlichen Staat hatte die Sowjetunion schwer abzutragende Belastungen auferlegt; der Marshallplan kam nur dem Westen zugute. Zudem schlugen sich die ideologischen Gegensätze zwischen den einst verbündeten Siegern des Zweiten Weltkrieges dergestalt feindselig in militärischen Planspielen nieder, daß beiden Staaten alsbald Wiederbewaffnung erlaubt wurde: Bundeswehr und Volksarmee verstanden sich, bis hin zur Planung von taktischen Atomschlägen und was man sonst noch als »Vorwärtsverteidigung« im Sandkasten übte, jeweils als Speerspitze ihres Systems. Endlich wurde, angesichts der Möglichkeit wechselseitiger Vernichtung, weltweit Entspannungspolitik möglich. Der Kalte Krieg verlor an Schärfe, die Regierungen der beiden deutschen Staaten kamen, wenn auch nur zögerlich, miteinander ins Gespräch. Abkommen wurden geschlossen, die getrennt lebenden Deutschen begannen, kleine Hoffnung zu fassen – und schließlich schlug uns das Glück.

Nicht plötzlich, eher Stück nach Stück brach das östliche Blocksystem zusammen, der Europa trennende Eiserne Vorhang wurde durchlässig, die Mauer zwischen den Deutschen fiel, und mit Erlaubnis der Siegermächte von einst durften wir uns einigen, mehr noch: Fortan konnten wir souverän handeln.

Nur selten bietet die Geschichte solche Gunst. Hinzu kam, daß es im Verlauf dieses beschleunigten Prozesses unblutig zuging. Gewaltfrei gab sich der ostdeutsche Staat auf. Was alles ihm an Unrecht anzulasten ist und wie wenig Gründe sich finden, der DDR Gutes nachzusagen, diese zum Schluß verdienstvolle Haltung sollte unbestritten sein; der

Volksarmee und der Volkspolizei sowie ihrer damaligen Führung ist es zu verdanken, daß nicht geschossen wurde. Und wohl auch deshalb riefen die Menschen in Ost und West »Wahnsinn! Das ist Wahnsinn!« – sosehr hatte das Glück sie überrascht.

Doch schon bald entzog uns die Geschichte ihre selten erteilte Gunst. Nein, nicht die Geschichte, wir sind es gewesen, die zugelassen haben, daß das Glück verspielt und die Möglichkeiten einer deutschen Einigung vertan wurden. Jetzt stehen wir zugleich vereint und abermals geteilt da, und zwar gleichermaßen mit leeren Händen, denn nicht nur die Deutsche Demokratische Republik, die viele von Ihnen als Ihren Staat erlebt und ertragen haben, ist gänzlich verschwunden, auch die Bundesrepublik Deutschland, die innerhalb der ihr vorgeschriebenen Grenzen ihr Eigenleben, das heißt die ihr eigenen Widersprüche hatte, existiert nicht mehr; zwei Staatserfahrungen sind geschichtlich geworden, ohne daß etwas entstanden wäre, dem man gelebte deutsche Einheit nachsagen könnte.

Gewiß, sie steht auf dem Papier. Der Kalender nennt einen Feiertag, der diese Einheit zu beschwören hat. Und dennoch bleibt oder wächst die Distanz, auch wenn uns keine als barbarisches Bauwerk gezogene Mauer mehr hindert, einander zu respektieren, wie wir von deutscher, das heißt gemeinsamer und geteilter Geschichte geprägt worden sind. Die uns von den einstigen Siegermächten gewährte große Gunst ist allzu kleinlich verrechnet worden, obgleich der Mangel nicht Geld hieß. Politisch gestaltende Kraft wäre vonnöten gewesen, der uns geschenkten Freiheit dauerhafte Konturen zu geben.

Sieben Jahre hatten wir Zeit, uns in neuer Gesellschaft wiederzufinden. Zwar fehlt es nicht an Vorzeigeprojekten nach Bauherrenart, doch die Bilanz aller tatsächlichen und fehlenden Bemühungen sieht dennoch dürftig aus: Zum Standort verkümmert zeigt sich Deutschland der Welt, zudem von einer Hauptstadt beschwert, die von der amtierenden Regierung und ihren Beamten allenfalls bei Zahlung von Gefahrenzulage bezogen wird. Ernüchtert, einander fremd und allzu bekannt, mehr oder weniger belemmert, aber auch fröstelnd, weil ohne sozialen Konsens stehen wir da.

Ein kleiner Trost bleibt dennoch: Zeiten wie diese sind gut für die Literatur. Wo es stinkt, sind Schriftsteller, die auf sich halten, zur Stelle. Wo sich Abgründe von Korruption auftun, findet der Dichter, knapp vor der Kante zum Abgrund, seinen Standort. Wo Gesellschaft umgeschichtet und je nach Klasse gehäufelt wird, fällt der Literatur Nahrung in epischer Fülle zu. Und wo sich »Der vereinsamte Kapitalist« und »Der prominente Steuerhinterzieher« als Spielfiguren anbieten, ergibt sich Standorttheater nach volkstümlicher Dramaturgie.

Was den Vater unseres Tennisstars betrifft, ist er durch Richterspruch milde bedacht worden, doch die Steuerbehörde und deren zuständiger Minister, der Sportsfreund aus Schwaben, die dem landesüblichen Schwindel zwinkernd zugesehen hatten, dürfen weiterhin mal das eine, mal das andere, auch beide Augen zudrücken. Der Einakter endet auf leerer Bühne. Nur die dem Ballwechsel des Tennisspiels eignen Geräusche wollen kein Ende finden.

Und unser vereinsamter Kapitalist? Ihm verweigert sich weiterhin das so heiß ersehnte Feindbild. Müde seines Sieges über die letzten Widersacher und mittlerweile sich selbst verzehrend, wartet er auf Godot oder auf einen noch namenlosen, aber potenten Gegenspieler, der seine Einsamkeit aufheben könnte.

Es wird an uns, den Bürgern in Ost und West, liegen, ob es bei diesem Standorttheater bleibt.

Rede vom Verlust
Über den Niedergang der politischen Kultur im geeinten Deutschland

Den letzten Spätsommer über suchten wir, wie seit Jahren, auf einer dänischen Insel Abstand zum »schwierigen Vaterland«, wissend, wie rasch und zugreifend solch ein Daumensprung Entfernung aufgehoben wird, zumal im Krisenmonat August. Im Jahr zuvor war es der gescheiterte Putsch in der zur Neige gehenden Sowjetunion gewesen, der die Ferien bestimmt und uns radiosüchtig gemacht hatte; zwei Jahre zuvor hob die Golfkrise als Medienereignis die Insellage auf: Wir konnten nicht abschalten; und in diesem Jahr holte uns Deutschland ein.

Dabei ist die Insel Møn reich an eigenwüchsigen Sensationen. Auf weiter, den Ostseedünen vorgelagerter Sommerweide herrscht von früh bis spät Flugverkehr. Tausend und mehr Graugänse machen Zwischenhalt, üben dort das Starten und Landen. Oder es stören plötzlich Fischreiher die Gänsevölker aus träger Ruhe auf. Anhaltender Lärm, der sich schließlich selbst verschluckt. Und immer ist der Himmel über der Weide, den Dünen, der See vollgeschrieben mit Flugformationen: eine Schrift, die, entziffert, Legenden stiftet. Nichts Aktuelles quasselt dazwischen, doch könnte jederzeit Nils Holgerson landen, um wieder, aus Sicht der Graugänse, in neue Abenteuer abzuheben.

Den letzten August über blieb der Himmel so gut wie leer, nur Möwen. Der trockene Sommer hatte die Weide ausgedörrt und auf dem geräumigen Flugfeld Start- und Landeverbot erteilt. Doch die Krisen blieben, laut Radio, nicht aus. Als wären zwei Ereignisse mutwillig parallel geschaltet worden, kommentierten die sportlichen Erfolge und Mißerfolge in Barcelona, etwa die Ausscheidungsläufe zum Hundertmeterlauf der Männer oder die Lattenhöhe beim Damenhochsprung, die tägliche Zahl der Toten in Sarajewo. Die Olympischen Spiele fanden in Bosnien statt; das olympische Stadion lag in Reichweite serbischer Granatwerfer. Die Nachrichten überlappten. Gleichzeitiges Geschehen gab sich als gleichwertig aus. Hier wurden Medaillen, dort Verluste gezählt. Und im olympischen Vergnügen hob sich der Schrecken als Nebenhandlung auf. Ein jüngerer, immer reisefertiger Schriftsteller hätte, so spekulierte ich, hier und dort präsent und mit zeitraffenden Wörtern der epischen Übersicht mächtig sein können: Scharfschützen und florettfechtende Damen, Dopingskandale und Blockadebrecher, verkürzte Nationalhymnen und der siebzehnte nichtsnutze Waffenstillstand, Feuerwerk hier und dort...

Aber nur Notizen zu Deutschland kamen in meiner Kladde zu Papier. Diese verfluchte, auf Bleisohlen abonnierte Seßhaftigkeit! Wir versuchten auf unserer Graugänse-Insel, die diesmal wenig Ablenkung zu bieten hatte, den Verstörungen des Krisenmonats zu entkommen; schließlich gab es Brombeeren reich und täglich frischen Fisch. Doch selbst zwischen den queren Augen der abgeschnittenen Flunderköpfe standen – weil in gestrige Zeitung geknüllt – Kleingedrucktes und einzelne Wörter fett: der Sprengsatz Jugoslawien und olympisches Gold beim Vierer ohne Steuermann. Später aßen wir unter dänischem Himmel die kopflosen Flundern aus der Pfanne, Anfang August.

Was macht Empfindsame so unempfindlich? Leicht reizbar, sind wir dennoch abgestumpft. Zuviel, sagt selbst der Pfarrer von der Kanzel, ist gleichzeitig los. Jetzt soll die Überfülle der Informationen schuld sein, daß die Gesellschaft – weil überinformiert – wie uninformiert vor sich hin lebt. Oder man sattelt sein Steckenpferd: Dieser starrt aufs Ozonloch, jener bleibt auf die Pflegeversicherung fixiert. Wer zu lange über das Elend der bosnischen Flüchtlinge jammert, versäumt, Somalia und den alltäglichen Hungertod in seinen Jammer einzubeziehen. Ist etwa die Welt aus den Fugen, oder spielt nur, wie neuerdings häufig, die Börse verrückt?

Als die Olympischen Spiele abgefeiert waren, stand eine Zeitlang unangefochten Sarajewo im Vordergrund und blieb peinlich, weil allenfalls Nebenkriegsschauplätze vom Versagen der europäischen Politik ablenken wollten; doch selbst diese Europa als Schimäre ausweisende Schande war zum Allgemeinplatz verkommen. Dann kam Nachricht aus Deutschland und bestätigte den Krisenmonat August.

Eigentlich nichts Neues, nur das Alte in vergröberter Ausgabe. Über fünfhundert Rechtsradikale bestürmten wiederholt in Rostock-Lichtenhagen ein Asylantenheim. Aus den Fenstern benachbarter Häuser schauten die Bürger zu und klatschten Beifall, als Steine und Molotowcocktails geworfen wurden. Später konnten die Bürger im Fernsehen sehen, wie sie zugeschaut und geklatscht hatten; einige mögen sich erkannt haben.

Eigentlich wußte man das: Nach westdeutschem Vorbild war schon in Hoyerswerda und anderswo Leistungsstärke bewiesen worden. Das war eingeübt mittlerweile, wie Fremdenhaß in Gewalt umschlägt. Auch diesmal zeigte die Polizei Verständnis für den kompakten Volkswillen und hielt sich zurück. Wenig später waren die Polizisten mit größerem Eifer damit beschäftigt, linke Gegendemonstranten abzufangen. Diese Sache, so hieß es, dürfe nicht eskalieren. Aus unserem Ferienradio tönten Politiker, die einander in jener wohlfeilen Disziplin zu übertreffen versuchten, die Betroffenheit heißt.

Doch dann mischte das Ausland sich ein, weil immer mehr Asylantenheime, in Brand geworfen, Zuschauer fanden. Fotografiertes Gebrüll, weltweit verbreitet. Der »häßliche Deutsche« wurde wiederentdeckt. Nichts lenkte mehr ab, keine Olympiade, weder Kabul noch Sarajewo. Überall stand fettgedruckt ROSTOCK. Also schrieb ich auf der dänischen Ferieninsel Notizen für diese Reise nieder; die mir übliche Zuflucht zum Manuskript und seinen episch verzweigten Fluchtgängen lag verschüttet. Einschneidendes war geschehen.

Seitdem hat sich Deutschland verändert. Hoyerswerda ließ sich noch irgendwie wegschummeln, doch seit Rostock sind alle Beteuerungen aus Zeiten der Einheitsseligkeit entwertet. Jener bis in die Spalten des Feuilletons hinein hochgejubelte Triumph, der das Ende der Nachkriegszeit und eine abermalige Stunde Null verkündete, jene Feststimmung, die ein geeintes Deutschland auf den Sockel hob, dem endlich, weil nunmehr frei von verjährter Last, ein neues Geschichtskapitel bis zur Druckreife geschrieben werden dürfe – und ein Dutzend beflissener Geschichtsschreiber stand mit gewetzter Feder bereit –, jene schon vor Dreijahresfrist ekelerregende Maulhurerei ist ins Kleinlaute umgeschlagen, weil uns wieder einmal die Vergangenheit auf die Schulter klopft, uns als Täter, Mitläufer und schweigende Mehrheit kenntlich gemacht hat.

Nicht etwa, daß der Schreck uns verstummen ließ. Protest wurde laut, Erklärungen und Appelle fanden Unterschriften. Großkundgebungen sollten uns jüngst noch als widerstandsfähig ausweisen; doch jene Politik, die seit drei Jahren den nunmehr zutage tretenden Rückfall in deutsche Barbarei zu verantworten hat, ist sich – weil unbeirrbar – treu geblieben; weiterhin wird das individuelle Grundrecht auf Asyl – ein Schmuckstück unserer Verfassung! – zu Markte getragen, auf daß dem Volksempfinden, das chronisch gesund zu sein hat, Genüge getan werde; weiterhin wird der Prozeß der Einheit ohne Einigung als wiederholte, diesmal sozial deklassierende Teilung betrieben; und weiterhin sind weder Regierung noch Opposition willens oder fähig, den schamlosen Ausverkauf der Konkursmasse DDR zu beenden und anstelle dessen einen Lastenausgleich wirksam werden zu lassen.

Der war von Anbeginn und wäre weiterhin rechtens, denn in ihrem ausgebeuteten Zustand, eingemauert, bespitzelt und ständig bevormundet, als zu kurz gekommene Deutsche, haben die Bürger der DDR über vierzig Jahre lang bezahlen müssen, stellvertretend für die Bürger der Bundesrepublik zahlen und draufzahlen müssen. Ihnen stand nicht das Glück der Option für westliche Freiheit offen. Nach ungerechtem Maß haben nicht wir für sie, nein, sie für uns die Hauptlast des von allen Deutschen verlorenen Krieges getragen. Diese Einsicht hätte, gleich nachdem die Mauer gefallen war, Vorrang haben müssen. Das – und nicht abermalige Bevormundung – wären wir ihnen schuldig gewesen.

Deshalb – und weil mich diese ungerechte Verteilung der Lasten seit Beginn der sechziger Jahre wiederholt zum Reden gebracht hat – habe ich am 18. Dezember 1989, auf dem Parteitag der SPD in Berlin, einem »weitreichenden Lastenausgleich, fällig ab sofort und ohne weitere Vorbedingungen«, das Wort geredet und als Finanzierung die rigorose Kürzung der Militärausgaben und eine sozial gestaffelte Sondersteuer vorgeschlagen; doch glaubten meine Genossen damals, Willy Brandts schöner Verheißung »Jetzt wächst zusammen, was zusammengehört« so wundergläubig wie untätig folgen zu können, wenngleich sich schon wenige Wochen nach dem Fall der Mauer erkennen ließ, daß nichts aus sich heraus wachsen wollte, entsetzlich viel jedoch zu wuchern begann. Nach über vierzig Jahren Trennung ist einzig die Last schuldhafter Vergangenheit uns Deutschen gemein; selbst die Sprache versagt Verständnis.

Als ich meine Rede vom »Deutschen Lastenausgleich« beendet hatte, wurde sie von kurzem Beifall erschlagen, doch fand sie immerhin ins Protokoll. Seitdem ist mir die vergebliche Dreinrede geläufig. Nur wenige Wochen später, am 2. Februar 1990, habe ich in Tutzing, während des Kongresses »Neue Antworten auf die deutsche Frage«, nach längerer Begründung die Forderung gestellt: »Wer gegenwärtig über Deutschland nachdenkt und Antworten auf die deutsche Frage sucht, muß Auschwitz mitdenken.«

Dieser Satz und weitere Überlegungen, die vor einer eilfertigen deutschen Einheit nach dem Ruckzuck-Anschlußverfahren warnten und für den Beginn eine Konföderation vorschlugen, lösten sogleich Empörung aus. Meine »Kurze Rede eines vaterlandslosen Gesellen« hatte den Nerv getroffen. Ich, der »selbsternannte Schwarzseher der Nation«, ich, der »notorische Feind der deutschen Einheit«, hätte, so hieß es, »Auschwitz instrumentalisiert« und das Selbstbestimmungsrecht der Deutschen durch diesen Rückgriff einschränken wollen.

Meine einheitstrunkenen Kritiker von damals seien heute gefragt, ob ihnen gegenwärtig und verspätet das Niederbrennen der sogenannten »jüdischen Baracke« in Sachsenhausen ein Licht gesteckt hat?

Meine Kritiker von damals, die sich allesamt auf den irrwitzigen Satz eines Bahnhofsvorstehers versteift hatten, »Der Zug ist abgefahren, und niemand kann ihn aufhalten«, sie alle seien heute darauf hingewiesen, in welch neuerliche Barbarei uns Deutsche ihr Eisenbahnerlatein geführt hat.

Vor latentem und offenem Antisemitismus und vor Pogromen, deren Opfer mit Vorzug Zigeuner sind, muß nicht mehr gewarnt werden. Auschwitz und Auschwitz-Birkenau, wo annähernd eine halbe Million Roma und Sinti ermordet wurden, werfen bereits ihren Schatten. Zigeuner werden heute in Deutschland abermals als asoziale Elemente eingestuft und sind permanent der Gewalt ausgesetzt. Doch keine politisch gestaltende Kraft ist erkennbar, die willens oder fähig wäre, dem wiederholten Verbrechen Einhalt zu gebieten.

Im Gegenteil: Es sind nicht nur und nicht zuallererst die Skinheads, die in telegenen Auftritten den demokratischen Konsens der Gesellschaft brechen; vielmehr waren es, begabt mit verbaler Schlagkraft, Politiker, die Herren Stoiber und Rühe, die schon vor Jahr und Tag das Problem der Einwanderung und die Not der Flüchtlinge und Asylsuchenden als permanentes Wahlkampfthema ausgereizt haben. Sie stimulierten durch die Aufkündigung zivilisierten Verhaltens die sich sammelnden Rechtsradikalen zu Gewalttätigkeiten und Mordanschlägen. Ein vom Innenminister Seiters mit der rumänischen Regierung ausgehandeltes Abschiebeverfahren, das, genau besehen, vorsieht, zufluchtsuchende Roma zu deportieren, und die beständigen Anschläge auf den Asylartikel im Grundgesetz sind mehr oder weniger verbrämte Vorformulierungen der Deutschland einigenden Parole: »Ausländer raus!«

Herr Rühe, der sich mittlerweile als Verteidigungsminister staatstragend gibt, hat meine Rollenbeschreibung seiner Tätigkeit als Generalsekretär der CDU, er sei »ein Skinhead mit Schlips und Scheitel«, als ihn langweilende Wiederholung abgetan; er wird diesem Konterfei noch oft begegnen, weil der Terror nicht nur in seiner Wirkung erkannt, sondern auch im Lager der Verursacher beim Namen genannt werden muß. Denn wie soll diese Regierung ein Doppelspiel beenden, das sie mit Kalkül angestiftet und aus nackter Angst vorm Volksempfinden und dessen rigoroser Gesundheit inszeniert hat?

Die Bundesrepublik Deutschland und ihr Grundgesetz sind einem Abbruchunternehmen ausgeliefert, das sich gleichwohl als Hausverwaltung und treusorgend versteht. Wenn ein CSU-Politiker, der sich als Finanzminister ausgibt, unter seinen enormen Augenbrauen einen Blick in die Zukunft riskiert und erkennen will, daß künftige Wahlen nur rechts von der Mitte gewonnen werden können, wenn sich die FDP einen braunstichigen und volkstümlich grenzüberschreitenden Österreicher als Festredner ausleiht, wenn sich ein für die Rüstungslobby zuständiger Staatssekretär als Schirmherr für die runde Geburtstagsfeier der V2-Raketen nach

Peenemünde begeben will – und nur Proteste aus dem Ausland haben ihm diese Reise verpatzt –, wenn all das, diese bundesweite Verlagerung der politischen Mitte nach rechts, dieser Rechtsrutsch, weiterhin nur als Stammtischgerede abgetan und nicht als existentielle Bedrohung begriffen wird, dann müssen wir Deutschen uns wieder als gefährlich werten – und zwar, bevor unsere Nachbarn mit uns als Gefahr rechnen.

Deshalb nenne ich einige der Biedermänner als Brandstifter beim Namen. Deshalb sehe ich den angeblichen Notstand des Staates einzig in der Regierung verwurzelt. Deshalb muß mein »Reden über Deutschland« frei sein von detailverliebten Betrachtungen und Ausflügen in vaterländische Gefühlslagen; vielmehr will ich das Fragezeichen wie einen Tiefbohrer ansetzen.

Ist dem deutschen Hang zur Rückfälligkeit kein heilsames Kraut gewachsen? Ist uns die Wiederholungstat in Runenschrift vorgeschrieben? Muß uns Deutschen – wie zwangsläufig – alles, selbst das wunderbare Geschenk möglicher Einigung, zur monströsen Spottgeburt mißraten? Bleibt uns, denen so angestrengte Wortballungen wie »Trauerarbeit« und »Vergangenheitsbewältigung« eingefallen sind, nun, aus anderer Extremlage, das Knüppelwort »Gesinnungsästhetik« angedroht, mit dem unsere frischgewendeten Kulturbetriebswirte alles niedermachen, das sich nicht der Ästhetik hübsch inszenierter Beliebigkeiten befleißigt? Ist uns, die wir immer noch von letzten Ausflügen ins Absolute beschädigt sind, noch immer kein ziviler, das heißt humaner Umgang mit In- und Ausländern möglich? Was fehlt uns Deutschen bei all unserem Reichtum?

Diese Fragen schrieb ich Ende August in Dänemark nieder, in einem Land also, das zwar nicht durch überbetonte Fremdenfreundlichkeit auffällt, in dessen Gesellschaft jedoch Haß als ausgelebte Mordlust – wie in Hoyerswerda, Rostock, in hundert anderen Städten geschehen – nicht nachzuweisen, kaum denkbar ist, selbst nicht im Zustand übermäßiger Belastung.

Als im Frühjahr 1945 die Sowjetarmeen vorrückten und viele tausend Deutsche über die Ostsee in das von der Wehrmacht besetzte Dänemark flüchteten, hat nach der bald fälligen Kapitulation des Großdeutschen Reiches kein noch so verständlicher Zorn oder gar Haß auf die Okkupanten die Dänen zu Gewalttätigkeiten gegenüber den deutschen Flüchtlingen verführt. Im Gegenteil: Selber Mangel leidend, haben sie dennoch ihre Feinde versorgt. Deren Rückkehr nach Deutschland verlief nicht als brutales Abschiebeverfahren. Ich könnte von west- und ostpreußischen Flüchtlingen berichten, denen nicht während ihres Aufenthaltes in Dänemark ihr Status und Dasein als Flüchtlinge bewußt gemacht wurde; wohl aber haben sie als Zwangseingewiesene in nord- und westdeutschen Gemeinden anhaltenden Haß als Fremdenfeindlichkeit erfahren.

Schon damals hieß es: »Geht doch hin, wo ihr hergekommen seid!«

Den Dänen ist ihr hoher Grad an zivilisiertem Verhalten selbstverständlich. Darüber reden sie nicht, allenfalls ironisch in Nebensätzen. Wir jedoch haben den Zivilisationsbruch innerhalb der deutschen Gesellschaft – datiert als geschichtliche Zäsur auf das Jahr 1933 – bis heute nicht schließen können, bei allem Bemühen, trotz aller Beteuerungen.

Selbst Anfang der siebziger Jahre, als man hoffen mochte, es könne gelingen, diesen Bruch, wenn nicht zu heilen, dann doch zu überbrücken, als durch reformerischen Schub unsere gesellschaftliche Rückständigkeit aufgeholt werden sollte, entsprachen die Haßparolen der Linksextremisten den Haßtiraden der Springer-Presse, begann der politische Mord mit dem Anschlag auf Rudi Dutschke Schule zu machen, wurden Gegner zu Feinden erklärt und blieb der Kniefall von Warschau bis in den Bundestag hinein der Häme ausgesetzt. Seit Konrad Adenauers Schmährede vom Herbst 1961, die den Emigranten treffen und verletzen sollte, ist Willy Brandt in Deutschland ein Fremder geblieben, fremd bis zu seinem Tod; kein feierlicher Staatsakt konnte darüber hinwegtäuschen.

Als der junge Mann aus Lübeck 1933 in Norwegen und später in Schweden um Asyl bat, wurde ihm Asyl gewährt. Der gestern auf dem Parteitag der SPD beschlossene Kompromiß hebt meine Besorgnis nicht auf. Jeder sozialdemokratische Bundestagsabgeordnete, der demnächst bereit wäre, das unsere Verfassung auszeichnende Grundrecht auf Asyl durch Zusätze einzuschränken, muß wissen, daß er damit rückwirkend alle Emigranten, die toten, die noch lebenden, trifft, alle, die Deutschland verlassen mußten und in Skandinavien und Mexiko, in Holland, England, in den USA Zuflucht fanden. Deshalb könnte die Schmälerung des Asylrechts, sollte diese im Bundestag eine Zweidrittelmehrheit finden, den Bruch mit der Geschichte der deutschen Sozialdemokratie zur Folge haben.

Ein Bruch mehr, mag manch einer sagen, das zählt nicht. Wir Deutschen sind nun mal schicksalhaft vielfach gebrochen. Mit Brüchen und Spaltungen zu leben, sind wir geübt. Zerstückelt zu sein war für uns – spätestens seit dem Dreißigjährigen Krieg – der Normalzustand. Und Ostelbien hat es, vom Rhein aus gesehen, schon immer gegeben. Das Bruchstückhafte, Zwiespältige, das sozusagen Hamlethafte gehört zu uns, weshalb wir auch ohne Unterlaß nach Einheit streben, zumeist vergeblich oder um einen zu hohen Preis.

Demnach hieße deutsch sein gespalten sein, in jeder Seins- und Bewußtseinslage. Zugleich hieße deutsch sein, unter fehlender Einheit zu leiden, weshalb wir dauerhaft mit uns selbst beschäftigt sind; zum Spott unserer Nachbarn, die andere, weniger gefährliche Unarten pflegen.

Ich halte nichts von solchen Verkürzungen, so handlich sie sein mögen, denn die Westdeutschen haben kaum unter der Teilung des Landes gelitten, sie eher durch Ignoranz gefördert. Gegen Ende der

Zweistaatlichkeit begannen sie sogar am Sinn jenes Nationalfeiertages zu zweifeln, dessen Rhetorik einen führungslosen Arbeiteraufstand in eine Volkserhebung umgemogelt hatte. Eher ängstigte die Westdeutschen der plötzlich drohende Anschluß, ahnte man doch, allen Kanzlerlügen zum Trotz, die Kosten. Nein, wir waren nicht auf Einheit versessen; vielleicht mißtrauisch aus der geschichtlichen Erfahrung heraus, daß die Einheit uns Deutschen immer nur Unglück gebracht hat.

Übrig bleibt eine meiner dänischen Feriennotizen, die ich aus Anlaß dieser Rede bald nach dem alles nivellierenden Doppelereignis – Olympiade plus Sarajewo – notiert habe und deren Kürze – Wir Deutschen sind ohne Maß! – nach erklärenden oder dem Kurzbefund widersprechenden Erweiterungen verlangt.

Sind wir, deren haushälterisches Sicherheitsstreben aus ausländischer Sicht bewundert wird, wirklich so ganz ohne Maß? Widerspruch bietet sich an. Gibt es nicht französische und amerikanische Politologen und Historiker – etwa Alfred Grosser und Fritz Stern –, die uns, auf Anfrage, ein befriedigend benotetes Reifezeugnis ausgestellt haben?

Haben wir nicht, was den Westen des Landes betrifft, während vierzig Jahre anhaltender demokratischer Dauerschulung einen beispielhaft sozialen Konsens gefunden, der den ideologischen Anspruch »Soziale Marktwirtschaft« zu bestätigen schien?

Sind wir nicht bis zum Zeitpunkt der Rückgewinnung unserer nationalen Souveränität eher behutsam und uns kleinmachend im Ausland aufgetreten? Der wirtschaftliche Riese als politischer Zwerg; weshalb auch Sprüchen wie »Wir sind wieder wer!« und vergleichbarer Großtuerei sogleich begütigende Relativierung und Ermahnungen zur Bescheidenheit folgten.

Waren wir nicht bemüht, jeder Nato-Weisung im Sinne der Vorwärtsverteidigung sogleich und als erste untertänig zu sein?

Haben wir nicht bis zur Historikerdebatte – das war kurz vor der Einheit – die Last der Vergangenheit, den deutschen Schuldkomplex und die Schande nicht verblassender Stigmatisierung geduldig getragen, freilich hoffend, daß all das eines Tages ausgetragen sein möge?

Und sind wir nicht insgesamt den Wörtern »ordnungsliebend, sozial verträglich, kompromißbereit und ausgewogen« geneigter als den auftrumpfenden Forderungen »Entweder oder!« und »Koste es, was es wolle!«?

Sicher ist richtig, daß sich die Bürger der Bundesrepublik Deutschland durch Eigeninitiative und jeweils im Vorfeld ihrer Parteien und Interessenverbände dem Anschein nach zivilisiert hatten; selbst der barsche Amtsstuben- und Behördenton, der beiderseits der Barriere den Untertan zur Voraussetzung hatte, mußte sich der Aufforderung »Seid nett zueinander« bequemen. Man ging zivil miteinander um. Das Wort »Streitkultur« wurde in Umlauf gesetzt. Die Vergangenheit blieb schulpflichtig Thema. Zwar gab es etliche Altnazis, die ewig Gestrigen, doch als Ende der sechziger Jahre der NPD, einer rechtsradikalen, zumeist ältere Jahrgänge versammelnden Partei, der Einzug in etliche Landesparlamente gelang, stand ihr eine demokratische Linke gegenüber, die dieses rechte Potential in offener und gewaltloser Auseinandersetzung bis zur Bedeutungslosigkeit reduziert hat: Vorbei war der Spuk, das rechte Lager verkrümelte sich.

So sah es aus. Die DDR, von Staats wegen und kraft Behauptung antifaschistisch, sah sich um einen Triumph gebracht. Man konnte hoffen, einen letzten Rückfall überstanden zu haben. Der nachgeborenen Generation bot sich ein demokratisches Gehege an, das, reich bestückt mit Abenteuerspielplätzen und beheizten Schwimmbädern, Diskotheken und soziologischen Gutachten, genügend komfortablen Auslauf bot und deshalb eine Entwicklung versprach, die friedfertig und tolerant auf jugendorientierten Konsum setzte. Harmlos wechselten die Moden, und nur dem Zeitgeist wurde geopfert.

Doch schon vor dem Fall der Mauer und der alsbald ruckzuck vollzogenen Einheit erwies sich der Anschein, endlich sei Deutschland, zumindest sein westlicher Großteil, geläutert, als trügerisch. Aber erst der Anschluß der Konkursmasse DDR samt totem und lebendem Inventar an die Handelsketten und Energieverbände, an die Banken und Versicherungskonzerne der Bundesrepublik, erst das »Einig-Vaterland« genannte Gelegenheitsschnäppchen machte die Selbsttäuschung zunichte, ließ den gesamtdeutschen Schwindel auffliegen und gab dem Hang zur Maßlosigkeit – kaum waren wir souverän – abermals Auftrieb.

Sogleich erwies sich der mühsam erkämpfte soziale Konsens als brüchig. Brav antrainierte Bescheidenheit wurde als kleinkariert und provinziell denunziert; seitdem wird wieder großmäulig geklotzt. Staatstragende Zeitungen riefen dazu auf, die Last deutscher Vergangenheit – bis dahin schmerzlicher Teil unseres Selbstverständnisses – endlich abzuwerfen und nach vorne, nur noch nach vorne zu schauen.

Und weil sich angesichts der zerfallenden Sowjetunion das westliche Lager, mithin der Kapitalismus, als Sieger über den Kommunismus ausgab, schlugen wir uns gesamtdeutsch und wie geübt auf die Siegerseite, entschlossen, klare Verhältnisse zu schaffen: Keinen dritten Weg oder gar demokratischen Sozialismus durfte es mehr geben. Verzicht auf Utopie wurde wie eine Wurmkur verschrieben. Selbst wo kein Markt nachzuweisen war, wollte mit dogmatischer Borniertheit die freie Marktwirtschaft herrschen. Und jene demokratische Linke, die sich am deutlichsten, zwar ohne blindmachenden Haß, doch mit Argumenten gegen den Kommunismus ausgesprochen hatte, sie, diese in sich zerstrittene Linke, die dennoch, im Sinne eines tätigen Verfassungspatriotismus, der sicherste Schutz gegen rechtsradikale Anfälligkeiten der bundesrepublikanischen Gesellschaft gewesen war, sie sollte gleichfalls, der klaren Verhältnisse wegen, vom Tisch gewischt werden.

An Saubermännern hat es in Deutschland noch nie gefehlt, doch selten ist ein Säuberungsprozeß so fachkundig besorgt worden; waren und sind es doch mit Vorzug ehemalige Kommunisten und reuige Maoisten, die dieses Geschäft besorgten und weiterhin in Gang halten. Schon sind sie dabei, nach Art und Methode der Jakobiner, belastbare Laternenpfähle wieder in Mode zu bringen, desgleichen ein mittelalterliches Relikt, den Pranger. Und weil niemand wie sie die Disziplin der öffentlichen Selbstanklage beherrscht, ist dem deutschen Denunziantenwesen eine stabile Konjunktur sicher. – Gott oder sonst wer schütze uns vor dem Eifer der Konvertiten!

Seitdem diese Säuberung die Feuilletons belebt und während Podiumsdiskussionen für Höhepunkte gesorgt hat, gibt es die demokratische Linke nur noch als beschworenes Gespenst oder allenfalls in Gestalt einiger zum Fossil degradierter Einzelgänger. Eines dieser restlichen Exemplare spricht heute zu Ihnen. Ich habe mich umgesehen, Ausschau gehalten: Die Linke ist zermürbt. Der dritte Weg ist vernagelt. Die letzten Verfassungspatrioten sind demnächst im Zoo zu bestaunen. Doch bleibt zu fragen: Welche politische Kraft sieht sich gegenwärtig in der Lage, diese mutwillig geschaffene Lücke zu füllen und dem rechten Terror zu widerstehen?

Die bürgerliche Mitte wohl kaum. Anfällig für herbeigeredete Ängste und das Stoibersche Menetekel, »die drohende Durchrassung des deutschen Volkes«, wie die Hölle auf Erden fürchtend, sieht sie dem rechten Terror zwar geniert – »Was wird das Ausland dazu sagen? Die Investoren bleiben uns weg!« –, doch mit grundsätzlichem Verständnis zu. Streibls Beschwörung einer »multikriminellen Gesellschaft« und Waigels Weisung, »zukünftige Wahlen werden nur rechts von der Mitte zu gewinnen sein«, sind nicht ins Leere hinein gesprochen worden.

Als am 3. Oktober, dem Einheitstag, rechtsradikale Horden durch Dresdens Straßen zogen und »Juda verrecke!« riefen, gab ihnen die örtliche und die aus Westdeutschland herbeigerufene Polizei schützendes Geleit, während gleichzeitig in Schwerins Straßen etwaige Protestierer gegen den Kanzler der Einheit, der seine historische Größe in Schwerins Stadttheater feierte, vorsorglich weggefangen wurden. Man muß hier in München, wo vor nicht langer Zeit einige Dutzend linke Trillerpfeifen die geballte Polizeigewalt in Aktion gesetzt haben, nicht vor Weimarer Zuständen warnen, um die rechtslastige Schwäche der vergrößerten Bundesrepublik zu erkennen.

Wieder einmal sind wir wie ohne Maß. Meine dänische Notiz, die sich gegen Ende August noch als fragende Vermutung aussprach, ließe sich gegenwärtig durch weitere, jeder parlamentarischen Kontrolle enthobene Maßlosigkeiten bestätigen. Ich nenne, als allzu dienstwilligen »Spiegel«-Lieferanten, die Gauck-Behörde, die, je nach Gusto, die Büchse der Pandora öffnet und so – gewiß ungewollt – die Arbeit des Staatssicherheitsdienstes der DDR fortsetzt: Jetzt endlich zahlt sich der Fleiß des Stasi aus, jetzt endlich wirkt sein Langzeitgift. Die einst gültige und zivilisierte Regel »Im Zweifel für den Angeklagten« ist ins Gegenteil gekehrt worden: Schon der Verdacht spricht schuldig.

Als weitere Maßlosigkeit nenne ich den zentralistischen Alptraum Treuhand, nach dessen Übermaß menschliche Existenzen ausgesiebt werden. Nichts hat uns gezwungen, diese mittlerweile selbsttätigen Monstren in die Welt zu setzen. Oder was hat uns gezwungen, so erbarmungslos mit beschädigten, wiederholt gedemütigten Menschen umzugehen? Wollen wir Westdeutschen uns an ihnen, den Ossis, beweisen? Sollen sie büßen, weil wir uns unsere Globke und Kiesinger, zudem Tausende NS-Juristen geleistet haben? Sollen sie, unsere vielberufenen »armen Brüder und Schwestern«, wiedergutmachen, was uns unter der Sonne des Wirtschaftswunders mißraten ist?

Um bei der deutschen Maßlosigkeit zu bleiben: Welch Ausmaß an Selbstgerechtigkeit schlägt hier zu Buche!

Ich sagte es anfangs: In diesem Sommer, der hart war und auf Dürre bestand, hatten auf unserer Ferieninsel die Graugänse ihren Flugbetrieb eingestellt. Nichts lenkte ab. Auf meinem Papier ließ sich jener Rest Bitterkeit nicht aussparen, der nach zwei Jahren Einheit als Bodensatz geblieben ist. Darum bestehen meine dänischen Notizen darauf, daß ich nun von mir spreche, von Deutschland und mir. Wie ich dieses Land nicht loslassen wollte. Wie dieses Land mir abhanden gekommen ist. Was mir fehlt und was ich vermisse. Auch was mir gestohlen bleiben kann.

Deshalb steht meine Rede unter dem Titel: »Rede vom Verlust«.

Die Reihe ist lang und will auf einige beispielhafte Anzeigen verkürzt werden. Es begann mit dem Verlust der Heimat. Doch dieser Verlust war, so schmerzlich er blieb, als begründet einzusehen. Deutsche Schuld, das heißt ein verbrecherisch geführter Krieg, der Völkermord an Juden und Zigeunern, Millionen ermordeter Kriegsgefangener und Zwangsarbeiter, das Verbrechen der Euthanasie, zudem das Leid, das wir als Okkupanten unseren Nachbarn, besonders dem polnischen Volk, zugefügt haben, all das führte zum Verlust der Heimat.

Verglichen mit Millionen Flüchtlingen, denen es in der Regel schwerfiel, weiter westlich heimisch zu werden, war ich gut dran. Ich konnte mit Hilfe der Sprache diesen Verlust zwar nicht wettmachen, doch, Wörter wie Bruchstücke fügend, zu etwas gestalten, dem der Verlust ablesbar wurde.

Die meisten meiner Bücher beschwören die untergegangene Stadt Danzig, deren gehügelte wie flache Umgebung, die matt anschlagende Ostsee; und auch Gdańsk wurde im Verlauf der Jahre zu einem Thema, das fortgeschrieben sein wollte. Verlust machte mich beredt. Nur was gänzlich verloren ist, fordert mit Leidenschaft endlose Benennungen heraus, diese Manie, den entschwundenen Gegenstand so lange beim Namen zu rufen, bis er sich meldet. Verlust als Voraussetzung für Literatur. Fast neige ich dazu, diese Erfahrung als These in Umlauf zu bringen.

Zudem hat der Verlust der Heimat mich frei gemacht für Bindungen anderer Art. Der allem Heimatlichen eingeborene Zwang, seßhaft sein zu müssen, ist aufgehoben. Geradezu leichtfertiges Vergnügen am Ortswechsel gibt Neugierde auf das Fremde frei. Dem Heimatlosen sind die Horizonte weiter gespannt als den Bewohnern kleiner und größerer Erbgrundstücke. Da keine Ideologie meinen Verlust übersteigerte – denn nichts Urdeutsches ging verloren; nichts Urpolnisches wurde zurückgewonnen –, bedurfte ich nicht der nationalen Krücke, um mich als Deutscher zu begreifen.

Andere Werte wurden mir wichtig. Deren Verlust ist schwerer zu akzeptieren, weil sie eine nicht aufzufüllende Lücke hinterlassen.

Zwar war ich es gewohnt, mit meinem geschriebenen und gesprochenen Wort umstritten zu sein, doch habe ich während der letzten drei Jahre, das heißt, solange ich mich zum von Anbeginn mißglückten Prozeß der deutschen Einheit kritisch geäußert und Warnungen vor diesem gedankenlosen Ruckzuck-Verfahren zur Litanei geknüpft habe, schließlich erkennen müssen, daß ich ins Leere sprach und schrieb. Mein Patriotismus, dem nicht der Staat, vielmehr dessen Verfassung wichtig ist, war unerwünscht.

Nicht mir allein ging es so. Ich vermute, daß diese Erfahrung Jürgen Habermas und Walter Jens, Christoph Hein und Friedrich Schorlemmer sowie all jenen als Verlust spürbar ist, die mit Wolfgang Ullmann und dem »Kuratorium für einen demokratisch verfaßten Bund deutscher Länder« vergeblich versucht haben, das Gebot des mittlerweile gestrichenen Schlußartikels im Grundgesetz, 146, einzulösen; ein Gebot, das zwingend vorschrieb, im Falle der Einheit dem deutschen Volk eine neue Verfassung zur Abstimmung vorzulegen.

Diese Chance ist vorbei und vertan. Chefjournalisten, die vormals dem hastigen Anschluß das Wort geredet und das Gebot der neuen Verfassung als nichtig gewertet haben, sie, die mitverantwortlich sind für das nationale Unglück der verpfuschten Einheit, sind bis heute nicht bereit, ihre trügerischen Eisenbahnersignale und die Verweigerung einer rechtzeitigen Verfassungsdebatte als folgenreiche Trugschlüsse zu erkennen. Denn nach wie vor rührt sich nichts oder nur wenig: Einzig als Parteiensache – unter Ausschluß der Öffentlichkeit –, irgendwo im Verborgenen vertagt sich eine Verfassungskommission. Doch zugleich fehlt es nicht an Fleiß, das ohnehin gebeutelte Grundgesetz weiterhin in seiner Substanz zu schmälern.

Zugegeben: Dieses Reden ohne Echo ist mir eine neue und auf Dauer nicht besonders stimulierende Disziplin. War es mal anders? Gewiß! Wenige Jahre lang, als Willy Brandt Bundeskanzler war und versuchte, die Ankündigung seiner ersten Regierungserklärung, »Mehr Demokratie wagen!«, umzusetzen. Schon der Regierende Bürgermeister von Berlin hatte, mit Hilfe seiner Frau Rut, zu Gesprächen eingeladen, die auf Kritik bestanden und oft genug das eng gewordene Berliner Selbstverständnis sprengten. Der anstrengende, weil in der Regel fordernde Umgang mit Intellektuellen war Willy Brandt selbstverständlich. Und mit ihm setzten Karl Schiller und Adolf Arndt auf Gespräche, denen nicht mit dem bloßen Benennen von Sachzwängen die Grenze gezogen war. Der waghalsige, mittlerweile zur bloßen Floskel verkommene Begriff »politische Kultur« wurde eine Zeitlang gelebt, das heißt, wir hörten einander zu; eine Tugend, die bei Willy Brandt zu erlernen war.

Als Siegfried Lenz und ich im Dezember 1970 den Kanzler nach Warschau begleiteten, empfanden wir uns nicht als Dekoration, nein, gerade weil Lenz und ich den Verlust unserer Heimat akzeptiert hatten, trugen wir die Anerkennung der polnischen Westgrenze mit. Stolz auf Deutschland? – Ja doch, rückblickend bin ich stolz, in Warschau dabeigewesen zu sein.

Übrigens waren es nicht nur Brandt und sein engerer Kreis, die diese Form politischer Kultur belebten; jener Gustav Heinemann, der als frischgewählter Bundespräsident die erste Fangfrage eines Journalisten, »Lieben Sie den Staat?«, beispielhaft knapp, »Ich liebe nicht den Staat, ich liebe meine Frau!«, beantwortete, ging gleichfalls wie selbstverständlich mit Intellektuellen um, gelegentlich sogar beim Skatspiel.

Wenn ich diese kurze und dennoch nachhaltig prägende Zeit zu beschwören versuche, spreche ich von etwas Verlorenem. Etwas blieb einmalig, das auf Fortsetzung angelegt war. Mit seinem Tod hat mir Willy Brandt diesen Verlust noch spürbarer gemacht.

Und weitere Verlustanzeigen: Was ist aus der Vielfältigkeit öffentlicher Meinung geworden? Wie rauschte es im deutschen Blätterwald, als »Der Spiegel« noch war, was er versprach: zum Beispiel eine deutliche Alternative zur Springer-Presse. Zwar gleichgestimmt im Wirtschaftsteil, unterschied sich »Die Zeit« dennoch durch ihren radikal liberalen Anspruch von der konservativen Statik der »Frankfurter Allgemeinen Zeitung«. Heute sind die Feuilletonredakteure der genannten Gazetten austauschbar; sie widersprechen einander nur noch kokett in Nebensätzen. Die selbstgerechte Abrechnung mit der demokratischen Linken gehört inzwischen zum guten Ton. Sogar in der »Frankfurter Rundschau« darf diese Tonlage gelegentlich Lücken büßen. Deutschland, einig Feuilleton! ließe sich ersatzweise rufen, nachdem das vielberufene Vaterland wieder mal uneins ist.

Natürlich gibt es Ausnahmen. So haben sich aus den Restbeständen der einst gleichgeschalteten

DDR-Presse einige Journale gemausert; doch wer liest schon im Westen die östliche »Wochenpost«. Wenn aber die ohnehin durch Konzernbildung gefährdete öffentliche Meinung überdies durch politische Anpassung ihren Widerspruchsgeist aufgibt, wird ein Verlust spürbar, den auf Dauer keine Demokratie aushält.

Über diesen Zusammenhang in München zu sprechen und dabei die »Süddeutsche Zeitung« auszusparen wäre unhöflich. Zugegeben: Noch hält sie sich, noch. Doch wer liest schon im Osten der Republik dieses überregionale Blatt, dem – komme, was wolle – Bayern näher als Brandenburg sein muß.

Vielleicht macht das letzte Beispiel deutlich, wie fremd die Deutschen einander sind. Sie nehmen sich nur widerwillig zur Kenntnis. In der zwischen Ost- und Westdeutschen verhärteten Fremdheit sehen sich Mecklenburger und Sachsen dort, Rheinländer und Schwaben hier entrückter denn je. Selbst Niederdeutsche und Süddeutsche bleiben sich, die Mainlinie bestätigend, fremd.

Diese Abgrenzungen sind Ergebnis unserer beharrlich den Separatismus fördernden und nur selten und zumeist widerstrebend nach Einheit verlangenden Geschichte. Doch vielleicht ist solch mannigfaltiges Fremdeln der Preis für die kulturelle Vielfalt des gesamten Landes, das bei Staats- und Sportereignissen Deutschland genannt werden will.

Dem entspricht zu Recht unser föderalistisches Gefüge. Dieses sichert nicht nur die befremdenden, sondern auch die belebenden Unterschiede und behütet mit dem Eifer zäunesetzender Kleingärtner unseren kulturellen Reichtum, dem vom Laientheater bis zur Ruinenpflege jederzeit Subventionen gewiß sind.

Unser Grundgesetz will das so. Doch hat der Föderalismus, diese kluge Versicherung der Deutschen gegen sich selbst, im Verlauf des jüngsten Einigungsprozesses Schaden genommen. Nicht etwa, daß irgendwo die Länderhoheit aufgehoben worden wäre, vielmehr ist es der altdeutsche Separatismus, mithin der angestammte Eigennutz der Länder, das ängstliche Verharren im eigenen Mief und diese nur noch um Zuschüsse und Ausgleichszahlungen feilschende Selbstsucht, die den deutschen Föderalismus um jene politisch gestaltende Kraft gebracht hat, die der Bundesregierung und der Opposition im bisherigen Verlauf des Einigungsprozesses ohnehin gefehlt hat. Wenn aber der Föderalismus als Korrektiv im Verhältnis zum Bund versagt, ist der Liste aller bisher gereihten Verluste ein weiteres Minus vorgeschrieben.

Ich scheue mich nicht, den Beschluß des Bundestages, das hauptstädtische Inventar von Bonn nach Berlin zu verlagern, und die verschleierte Aufhebung dieses Beschlusses durch die gängige Bonner Praxis ein Affentheater zu nennen, dem die Bundestagspräsidentin als Dompteuse gefällig zu sein hat. Die Medien spielen mit. Das teure Gehäuse für zukünftige Debatten und Fensterreden ist eingeweiht. Stinknormal geht, laut Gewohnheitsrecht, alles weiter. Doch östlich der Elbe liegt das Kind im Brunnen und schreit.

Selber reingefallen und schreit. Was soll dieses Plärren? Wer will da mehr, immer mehr? Da hört man schon nicht mehr hin!

Einzig die brandenburgische Sozialministerin Regine Hildebrandt hat Stimme genug, dem schreienden Kind zumindest zeitweilig Gehör zu verschaffen. Sie nennt das anhaltende Unrecht beim Namen. Diese Frau sprengt, sobald sie auftritt, die Mattscheibe. Sie straft die landesübliche Ausgewogenheit Lügen. Ihre Penetranz ist erfrischend, ihre Rede leidet nicht unter Glätte. Wer, wenn nicht Regine Hildebrandt, wäre berufen, des jetzigen Bundespräsidenten Nachfolgerin zu werden!

Doch könnten wir diese Frau aushalten? Wäre ihre Art Charme unserer Schleiflackästhetik zuzumuten? Hätten wir den Mut, Regine Hildebrandt zu ertragen, ihre fordernde Leidenschaft, die das abermals gespaltene Land zur Einigung zwänge?

Oder sind wir Deutschen uns selber so fremd geworden, daß wir nicht mehr von uns und unseren Besitzständen absehen können? Und ist – dringlich befragt – das eingefleischte Fremdsein zwischen den Deutschen womöglich die Ursache für den gegenwärtigen, das Land gesamtdeutsch mit Schande bedeckenden Haß angesichts Fremder, die wir Ausländer nennen?

Rostock im Radio: Deutschlandfunk. Die dänische Ferieninsel bot meiner Wut Auslauf; später versuchte ich, sie mit kalter Nadel in Kupferplatten zu übertragen: Zeichen setzen als Notbehelf.

Doch wenn die Wut auch nachließ, übrig blieben Trauer und Zorn. Und ihnen entsprechend, reihten sich Notizen als Fragesätze: Was habt Ihr mit meinem Land gemacht? Wie wurde dieser Einheit genannte Pfusch möglich? Welche Bierlaune hat die wählenden Bürger dazu verführt, diese schwierige, nach politischer Gestaltung verlangende Aufgabe einem Bilanzfriseur und einem Steuerlügner zu übertragen? Wie konnte es dazu kommen, daß den Bange-, Hauss- und Möllemännern, mithin der Mißwirtschaft freie Hand gelassen wurde? Wessen schlaue Regie hat das mit sich uneinige Land als Thema dem allabendlichen Talkshowgebrabbel untergeschoben? Welcher Stumpfsinn hat uns angestiftet, den Zuwachs von sechzehn Millionen Deutschen nach Art der Kleinkrämer zu verrechnen und dem Unrecht des Realsozialismus das hausgemachte Unrecht des Kapitalismus draufzusatteln? Was fehlt uns Deutschen, um – wenn schon nicht gegenüber Ausländern – dann doch in eigener Sache human zu handeln? Was mangelt uns Deutschen?

Vielleicht fehlen uns diejenigen, die wir fürchten, weil sie fremd sind und fremd aussehen. An denjenigen herrscht Mangel, denen wir aus Furcht mit Haß begegnen, der dann in Gewalt umschlägt, mittlerweile alltäglich.

Und vielleicht fehlen diejenigen uns besonders, die in abschätziger Werteskala tiefzuunterst zu finden sind: die Roma und Sinti, herkömmlich Zigeuner genannt.

Ihnen steht niemand zur Seite. Kein Abgeordneter vertritt andauernd ihre Sache, das heißt ihre Not, im Europaparlament oder im Bundestag. Kein Staat, auf den sie sich berufen könnten und der gewillt wäre, ihre seit Auschwitz berechtigten Forderungen, die, erbärmlich genug, Wiedergutmachung genannt wurden, zu unterstützen und zur Staatssache zu erklären.

Die Roma und Sinti sind das Letzte. »Abschieben!« sagt Herr Seiters und macht sich Rumänien gefügig. »Ausräuchern!« brüllen die Skinheads und liefern Herrn Seiters handfeste Argumente für sein Abschiebeverfahren. Doch in Rumänien und anderswo sind Zigeuner gleichfalls das Letzte.

Warum eigentlich?

Weil sie anders sind, schlimmer noch: anders als anders. Weil sie klauen, unruhig hin und her zigeunern, den bösen Blick haben und überdies von jener befremdlichen Schönheit sind, die uns häßlich aussehen läßt. Weil sie unser Wertesystem durch bloße Existenz in Frage stellen. Weil sie allenfalls für Opern und Operetten taugen, doch eigentlich – auch wenn das schlimm klingt und an irgend etwas Schlimmes erinnert – asozial, abartig, unwert sind.

»Abfackeln!« brüllen die Skinheads.

Als vor sieben Jahren Heinrich Böll zu Grabe getragen wurde, führte vorm Sarg und den Sargträgern – das waren, außer den Böll-Söhnen, Lew Kopelew, Günter Wallraff und ich – eine Zigeunerkapelle den Zug der Hinterbliebenen auf dem Weg zum Friedhof an. Böll hatte das so gewollt. Keine andere Musik als diese abgrundtraurige, dann plötzlich verzweifelt lustige sollte seine letzte sein.

Erst heute verstehe ich Heinrich Böll so umfassend, wie er es unausgesprochen gemeint haben könnte.

Laßt sie kommen und bleiben, wenn sie bleiben wollen; sie fehlen uns.

Laßt eine halbe Million und mehr Roma und Sinti unter uns Deutschen sein; wir haben sie bitter nötig.

Schaut auf das kleine Portugal, wo, trotz der vielen Flüchtlinge aus den ehemaligen Kolonien, Tausende Zigeuner wie selbstverständlich zum Land gehören.

Laßt euch, ihr harten Deutschen, endlich erweichen, und gebt den Skinheads eine Antwort, die nicht von Angst verzeichnet, sondern mutig, weil menschlich ist.

Hört endlich auf, die Zigeuner auf eingefahrener Spur abzuschieben.

Sie könnten uns behilflich sein, indem sie unsere festgefügte Ordnung ein wenig irritieren. Etwas von ihrer Lebensweise dürfte getrost auf uns abfärben. Sie wären Gewinn für uns nach soviel Verlust. Sie könnten uns lehren, wie nichtig Grenzen sind; denn die Roma und Sinti kennen keine Grenzen. Die Zigeuner sind überall in Europa zu Hause, sie sind, was wir zu sein vorgeben: geborene Europäer!